Retour à la Vie

Retour à la Vie

ALEXIS & RÉJANE BELLANGER
avec Anne Mars

City
Témoignage

Couverture : Shutterstock/Studio City

ISBN : 978-2-8246-1663-6
Code Hachette : 43 7893 8

Collection dirigée par Christian English et Frédéric Thibaud
Catalogues et manuscrits : city-editions.com

Dépôt légal : Mars 2020

Pour Alexis, Mathéo et Romain.
Pour ma maman.
Pour mon mari, Gaëtan.
R. B.

Pour mes 8 champions.
A. M.

Prologue

Samedi 23 septembre 2017

RÉJANE

Quand j'étais petite, en CM1 peut-être, j'avais décidé un jour de rédiger un journal intime. Je suppose que je trouvais l'idée cool. J'avais acheté avec mon propre argent un joli cahier à la papeterie Maison de la presse où j'aimais traîner avec des copines après l'école pour regarder en douce les magazines people. Et le soir même, j'avais inscrit la date tout en haut de la première page et m'étais mise à écrire. Quoi ? Je ne m'en souviens plus. Ce que j'avais fait dans la journée, je suppose. L'école, les copines, la récré… Sauf que le lendemain, je n'avais pas su quoi écrire de nouveau. École, copines, récré. Quoi d'autre ? Bref, au bout d'une semaine, j'avais abandonné l'idée de ce journal, faute de savoir avec quoi le remplir.

Mais ce soir, je ressens pour la première fois un véritable *besoin* d'écrire. C'est une nécessité, qui s'impose à moi de toute urgence et je m'enferme dans ma chambre avec mon cahier et mon stylo.

Je souris à l'image de moi que je renvoie : assise en tailleur sur le lit, le cahier entre les jambes, j'ai l'air d'avoir de nouveau quinze ans. Sauf que ce ne sont pas des rêves ou des espoirs que je confie ce soir à mon journal, mais l'angoisse d'une maman qui enrage d'impuissance face à un accident qui a mis sens dessus dessous la vie de son fils de douze ans.

Je revois celle que j'étais l'année dernière, la famille que nous formions tous les cinq il n'y a pas si longtemps encore et des larmes coulent sur mes joues. Et jusque sur mon cahier, mais tant pis, j'ai besoin de raconter ça, parce que ce n'est pas juste, et parce que je ne peux le dire à personne : je dois être forte pour Alexis qui a besoin d'encouragements et de soutien.

Pas d'une mère qui part en vrille.

1

La course

Dimanche 19 juin 2016

RÉJANE

Ce dimanche, il fait un temps splendide. Presque trop chaud pour la saison. Tant mieux ! L'hiver a été long et les entraînements, d'autant plus difficiles. Alexis n'a que dix ans et, même s'il est plutôt grand pour son âge et singulièrement endurant, les derniers dimanches après-midi passés à pédaler sous la pluie avaient un peu entamé son moral de champion. Ou du moins, mon moral de maman de champion !

Il n'est pas encore sept heures et pourtant, toute la maisonnée est déjà debout. Romain, qui a tout juste deux ans, a du mal à se réveiller. Il se frotte les yeux, fait mine de se recoucher. Allons, pas question de traîner ce matin ! Heureusement, l'ébullition de cette première matinée d'été semble contagieuse et Romain accepte que je le prépare sans faire de caprices.

Lorsque je descends dans la cuisine, mon petit dernier dans les bras, Alexis et Mathéo sont déjà attablés devant leurs bols de lait et mangent leurs céréales de bon appétit près de la fenêtre ouverte. Ça sent bon le café et le pain grillé. Gaëtan me tourne le dos, il rince sa tasse dans l'évier. Je m'approche sans bruit et l'enlace doucement.

— Bonne fête, mon chéri !

J'ai murmuré ces mots à son oreille, moment d'intimité avant la folle journée qui s'annonce. Il se retourne, m'embrasse. Derrière nous, les garçons se sont tus. Je jette un coup d'œil amusé à mes deux fils par-dessus mon épaule. Alexis et Mathéo échangent un regard, comme si la scène leur évoquait quelque chose. C'est Alexis qui bondit le premier :

— Bonne fête, papa !

Il se lève de table, se précipite vers son père qu'il embrasse. Qu'ils sont beaux, mes deux hommes, père et fils dans leur tenue du club ! Je prends soudain conscience du point auquel Alexis a grandi ces derniers mois. Ou ces dernières semaines ? À quel moment le garçon timide, légèrement effacé, qui était entré en CM2 en septembre s'est-il transformé en cet adolescent élancé ? Sous son maillot de cycliste, on devine un torse musclé déjà. Dans le soleil matinal, ses cheveux noirs coupés court lui font comme un casque argenté.

Une heure plus tard, j'ai déposé Romain chez ma sœur, et Mathéo et moi, on file pour l'école. Sur la banquette arrière, il affiche un grand sourire. Manifestement, il n'a aucun regret de ne pas participer à la course. Je ne peux pas m'empêcher de penser que c'est un peu dommage : l'année dernière, Alexis a remporté sa première coupe en tant que pupille à Loudéac. Partie trop tard de la maison après la sieste de Romain, j'avais bien failli manquer l'arrivée. Nous étions encore au moins à trois kilomètres de Loudéac lorsque j'avais avisé des files et des files de voitures garées sur les bas-côtés. Tous les accès du circuit étaient interdits à la circulation, et les rues, fermées par des barrières de sécurité, étaient gardées par des messieurs bedonnants avec brassard orange, lunettes de soleil et sifflet autour du cou. J'y étais allée au culot, ce qui m'avait permis d'arriver juste à temps pour voir mon fils franchir en premier la ligne.

Quand je l'ai vu sur le podium, sa médaille autour du cou, avec l'air de ne pas bien comprendre ce qui lui arrivait, j'ai été émue aux larmes. Je me sentais un peu bête, de pleurer comme ça, au milieu de la foule des parents et amis venus supporter nos petits champions, mais c'était plus fort que moi. Alexis avait dix ans, il venait de remporter sa première course, et moi, j'étais la maman la plus heureuse du monde.

Mais Mathéo est jeune encore. À huit ans, il n'est pas étonnant qu'il préfère s'amuser à la kermesse de l'école plutôt que d'aller courir à Guillac, où il aurait de toute façon passé plus de temps à attendre qu'à pédaler.

Quand on arrive à l'école, c'est déjà l'ébullition. Des papas installent des chaises et des parasols dans la cour tandis que les maîtresses essayent tant bien que mal de réunir les élèves déjà présents pour un dernier briefing avant l'arrivée des premiers visiteurs : ce matin, avant la kermesse tant attendue, l'école ouvre ses portes aux futurs élèves. Mathéo est fier de présenter sa classe de CE2.

En tant que trésorière de l'amicale laïque de l'école, je suis pour ma part censée tenir la caisse de la fête cet après-midi. En réalité, je sais bien qu'un jour comme aujourd'hui, je dois être multitâche : décoration, mise en place des stands, visite bien sûr de la classe de Mathéo, papotage avec les copines… La matinée passe à toute vitesse.

À onze heures, les CE2 se produisent sur l'estrade. J'aperçois mon Mathéo, tout beau avec sa chemise blanche, qui chante à tue-tête *On n'est pas des nunuches*. Il a mis du gel dans ses cheveux pour l'occasion, et bien sûr – est-ce que toutes les mamans sont comme ça ? –, je trouve qu'on ne voit que lui.

Quatorze heures. La kermesse bat son plein, j'ai la tête remplie de musique et de cris d'enfants. Dans tout ce bruit, j'ai peur de ne pas entendre mon téléphone si jamais il sonne. Alexis a promis de me donner des nouvelles. Le départ de sa course est dans dix minutes, et je ne pense plus qu'à lui. Depuis ce matin, je ressens comme de l'électricité autour de moi. Autour de nous. Et je ne peux pas m'empêcher d'y voir un signe, même si je ne sais pas comment l'interpréter. Est-ce que je n'aurais pas dû être là, avec lui, aujourd'hui ?

Je calcule mentalement : la course commence à quatorze heures dix. Les benjamins doivent faire dix tours de 1,8 kilomètre chacun. Sachant qu'il faut compter environ cinq minutes par tour, je ne peux vraiment pas attendre de nouvelles avant… une heure au moins. Une heure ! Cela me paraît soudain interminable.

En plus, il fait une chaleur épouvantable. Est-ce vraiment raisonnable de faire courir des enfants sous ce soleil de plomb ?

Il est presque quinze heures trente quand mon téléphone sonne enfin. Alexis ! Les petits se bousculent devant mon stand de pêche aux canards, mais je décroche quand même.

— Allô ! Alors, mon chéri ?

— …

Silence. J'ai l'impression que mon cœur se fige dans ma poitrine. Et pourtant, il bat, plus fort que jamais. Mon cœur est un gros glaçon qui bat. Et le glaçon va se briser en mille morceaux.

— Alexis ? Que se passe-t-il ?

Enfin, sa voix, qui me semble étrangement lointaine :

— Maman ? Maman ? Il faut que tu viennes. J'ai… j'ai eu un accident.

ALEXIS

En général, maman dit que je ne me mets pas trop la pression, niveau entraînement, et c'est plutôt vrai. Depuis mon entrée en CM2, j'avais un peu lâché le vélo. Surtout pendant l'hiver. En plus, je continue le judo cette année, et les entraînements en salle quand il pleut dehors, eh bien… je dois reconnaître que c'est plutôt cool.

Et puis, pour le début de la saison, au mois de mars, il y a eu ce nouveau vélo. Un Orbea blanc en alu, fourche carbone, Shimano 105 et roues Cosmic. Déjà, quand je l'ai vu, mon cœur a fait un bond. Mais quand je l'ai essayé, que j'ai roulé avec pour la première fois, c'était soudain comme si moi et le vélo, on ne faisait plus qu'un. Il m'obéissait comme s'il avait fait partie de mon corps. Je me suis senti… augmenté. Un truc de fou.

Alors, je m'y suis remis. À fond. Au club, bien sûr, mais aussi le soir en rentrant de l'école, le dimanche matin, le mercredi après-midi, sous le soleil ou sous la pluie, plus rien ne m'arrête. J'ai vite trouvé *ma* petite boucle, un peu moins de quatre kilomètres par les routes de campagne. Quelques belles montées, des virages pour les sensations… et puis la solitude, le vent sur mon visage et, dans mes oreilles, le bruit de mon cœur qui cogne. Ma musique à moi.

Ce matin, il y a comme de l'électricité dans l'air à la maison. Mathéo est super excité, car c'est la kermesse de l'école. Maman l'emmène, elle a plein de trucs à faire là-bas de toute façon parce qu'elle fait partie de l'organisation. J'y serais bien allé, moi aussi, histoire de retrouver mes potes et de faire plaisir à mon petit frère qui aurait voulu que je l'applaudisse quand il va chanter avec sa classe sur le podium. Bon… j'avoue, j'aime bien les jeux de la fête de l'école aussi, l'ambiance de la cour transformée en foire, les crêpes que des mamans vendent à la fenêtre de la classe des petits, la buvette sous les parasols et les pistolets à eau qu'on va remplir dans les toilettes… Mais pas de regret pour moi : contrairement à mon frère, j'ai fait le choix de participer à la course à Guillac, entre Josselin et Ploërmel.

Mathéo et moi, on est en train de terminer notre petit déj', et papa est déjà prêt quand maman descend avec Romain, encore à moitié endormi. Au lieu de nous embrasser en premier, nous les garçons, comme elle fait d'habitude, elle embrasse papa et lui glisse un mot à l'oreille. Et là, d'un coup, je me souviens pourquoi ce dimanche est *vraiment* particulier : c'est la fête des Pères ! Mathéo et moi, on crie à pleins poumons :

— Bonne fête, papa !

Papa, qui faisait la vaisselle, se retourne avec un grand sourire et nous fait un clin d'œil. Tous les trois, on s'entend super bien. Il faut dire que papa est le président de l'UCPJ, l'Union cycliste du pays de Josselin. Lui et nous, on partage la même passion, même si, avec son travail, il n'a pas toujours le temps de pédaler autant qu'il voudrait.

La course n'a lieu que cet après-midi, mais on part pour Guillac ce matin tous les deux parce qu'il y a tout un tas de trucs à mettre en place avant le départ. Bref : *Maman est là-bas, qui fait la tombola, papa est là-haut, qui fait du vélo...*

J'aime bien l'atmosphère des journées de courses. En plus, aujourd'hui, on court presque à domicile puisque Guillac n'est qu'à quinze minutes de la maison. Du coup, je connais tout le monde, c'est un peu comme une fête de famille !

À midi, je mange un sandwich avec mes copains Valentin et Hugo. On est potes depuis qu'on sait monter sur un vélo – autant dire depuis toujours. Ils veulent essayer mon vélo. Je les laisse faire un tour pour leur faire plaisir. Évidemment, ils trouvent tous que ma bécane est géniale. On compare nos équipements, les nouvelles chaussures de l'un, le bidon thermique de l'autre. Tristan a de nouvelles lunettes Oakley rouge et jaune trop classe. Mais le mieux, c'est le truc que Mathis a au poignet. On dirait une montre, mais c'est en fait un compteur GPS qui sert à calculer ses performances. C'est « un petit bijou technologique », il explique, très fier. Et en effet, en plus de connaître sa vitesse, le nombre de kilomètres parcourus et tout ça, ça lui permet de voir son rythme cardiaque, les tas de calories brûlées, son temps de récupération nécessaire, et même les efforts qu'il peut encore fournir. Un vrai coach embarqué, quoi. Bien sûr, on veut tous l'essayer.

On était tellement occupés, tous les trois, qu'on n'a pas vu le temps passer. Je m'aperçois tout à coup que tout le monde s'agite autour de nous. Il est déjà treize heures, le départ de la course des prélicenciés va bientôt être donné.

D'un coup, la tension monte. Mon ventre se serre, mon rythme cardiaque s'accélère, je me sens à la fois super content et incroyablement stressé. Je connais bien cette sensation, et j'aime bien quand je suis comme ça. En fait, c'est toujours ainsi juste avant la course. Autrement, on s'entraîne, on est peinards, entre potes. Mais quand la course arrive, tout d'un coup, on se transforme en concurrents. Et vraiment, même si ça peut paraître bizarre, c'est trop sympa d'avoir ses meilleurs potes pour challengers. Parce qu'on sait que ce n'est pas pour de vrai ? Pourtant, si, c'est pour de vrai, la course. Mais c'est pour de vrai aussi, les copains.

Pour faire baisser la tension – ou pour l'entretenir, je ne sais pas bien –, j'enfile mon casque et mes gants, mets mes lunettes et, avec les copains, on va pédaler un peu en attendant notre tour. J'aperçois papa de loin, dans le staff, qui me fait signe, le pouce levé. Je fais pareil, pour lui dire que tout va bien, que lui et moi, on est sur la même longueur d'onde, que je suis un winner.

Enfin, c'est à nous ! Ouf, j'en pouvais plus d'attendre ! Comme toujours lorsqu'on se place sur la ligne de départ, il y a un peu de bousculade. Je suis derrière, avec les copains du club. Et comme toujours sur la ligne de départ, je sens monter en moi une grande excitation. Je suis sûr, soudain, qu'aujourd'hui rien ne pourra m'arrêter. Pourtant, c'est la première fois que je cours sur une telle distance : 18 kilomètres, c'est bien plus que ce que je fais habituellement. Il faut juste que l'occasion d'attaquer se présente.

Pendant les deux premiers tours, je suis au cœur du peloton. Le nez dans le guidon, je suis le mouvement, comme si j'étais emporté par une grande vague. Encore huit tours comme ça. Ça me semble facile, parce que je suis emmené par le mouvement. Et difficile en même temps : comment faire pour quitter cette grande trajectoire qui me guide ? Alors que j'entame le troisième tour, je vois soudain une percée. Comme un trou dans la vague de vélos qui m'entourent. Alors, je sens que c'est maintenant. Maintenant ou jamais. Je me mets en danseuse, donne tout et… mais oui, me voilà en tête !

Juste à ce moment-là, je passe au pied du podium. Papa est là, avec les autres membres du staff, il hurle à mon passage des mots que je ne comprends pas. Des encouragements qui fonctionnent sur moi comme une piqûre d'adrénaline, et j'accélère encore.

Je m'attends à tout moment à être rattrapé par la vague. On voit ça, à la télé : le type court devant, tout seul en tête, la victoire lui semble acquise. Et puis soudain, il est rattrapé par le flot. Aspiré. Avec un peu de chance, il se retrouve perdu au milieu du peloton. S'il en a moins, on le voit bientôt tout seul derrière, pédalant avec peine. Je pense à Thomas Voeckler lors du Tour il y a deux ans. Cent cinquante kilomètres d'échappée avant d'être repris par le peloton à 10 kilomètres de la ligne d'arrivée. C'était complètement fou. Mathéo et moi, on avait regardé ça à la télé, captivés. Les journalistes s'excitaient, parlaient d'un exploit spectaculaire. Et Mathéo, lui, qui hausse les épaules avant d'éteindre la télé : « Pathétique ! Quand on fait pas le poids, faut pas partir, c'est tout. »

Et s'il y a une chose que je n'ai pas envie d'être, c'est bien ça : un mec pathétique. Non, ni aux yeux de mon frère, ni à ceux de qui que ce soit je ne serai jamais un type *pathétique*.

Pourtant, c'est ça, le truc : il faut tout donner, oui, mais au bon moment. Et moi, j'ai peur d'y être allé trop tôt. Au bout de trois tours à mener la course, je jette un coup d'œil derrière moi. Ça alors ! Je suis tout seul. Vraiment seul, loin devant. Waouuuh !

L'important, maintenant, c'est de garder un bon rythme. Je sais comment faire ça, calculer ma vitesse et la maintenir. Mais c'est dur, la course est loin d'être terminée.

Chaque fois que je passe devant le podium, papa descend pour m'encourager. Lorsque j'entame le dernier tour, il me crie :

— Alexis, cette fois, tu n'as plus le choix ! Tu dois aller jusqu'au bout, fonce, mon grand !

Je lui fais un petit signe de la main. Il a raison. *Je n'ai plus le choix. Je dois gagner.* Et c'est là que le miracle se produit : alors que j'étais certain d'avoir déjà tout donné, alors que j'aurais juré être incapable de fournir un effort supplémentaire, voilà que… je m'envole. Mon vélo et moi, on n'est plus qu'un seul corps. Mes mains sont crispées sur le guidon, les jointures de mes doigts toutes blanches. Mon vélo vibre à chaque coup de pédale que je donne, mais j'ai l'impression que c'est lui qui m'emporte et que plus rien ne pourra nous arrêter, lui et moi.

Lorsque je franchis seul la ligne d'arrivée, ma vue est tellement brouillée par l'effort que je ne vois même pas mon père se précipiter vers moi. Il me prend dans ses bras, et moi, je suis si fier que j'ai presque envie de pleurer.

— Bonne fête, papa !

***

Après, c'est le podium, la médaille, les photos. Je ne sais plus très bien où je suis, ni ce que je suis censé faire. Une chose est certaine, je suis heureux. Tellement heureux… Dommage que maman n'ait pas été là pour voir ça !

Maman ! Il faut que je la prévienne ! Comme je la connais, je suis sûr qu'elle se fait déjà un sang d'encre.

Je m'éloigne de l'agitation et appelle maman. Elle décroche à la première sonnerie, bien sûr, et lance un « Allô » si inquiet que j'ai envie de lui faire une blague, avant de laisser éclater ma joie pour de bon :

— Maman ? Maman ? Il faut que tu viennes. J'ai… j'ai eu un accident.

2

Cinq, comme les doigts de la main

Mardi 3 janvier 2017

RÉJANE

Est-il possible que l'année ait passé si vite ? Les vacances de Noël sont déjà presque terminées. Gaëtan a repris le travail aujourd'hui après une courte pause pour le Premier de l'an. Il fait les trois-huit depuis qu'il a changé de travail l'été dernier. Du coup, pas de vacances pour lui cette année, et un rythme souvent décalé auquel on s'est tous adaptés.

Même si je travaille dans une pizzeria, mes horaires me permettent d'être disponible au maximum pour les garçons : neuf heures-quinze heures du lundi au vendredi, parfois aussi le samedi. C'est bien : je peux déposer Romain chez la nounou et les grands à l'école avant de filer au boulot. Enfin, Alexis, lui, prend seul le bus depuis qu'il est entré en sixième en septembre dernier.

Cette pause dans l'hiver m'a fait un bien fou. Parce que même si je sais que je ne pourrais pas faire mieux, qu'on donne le maximum pour les garçons, j'avais l'impression, ces dernières semaines, de ne pas être à la hauteur et de passer mon temps à courir. Quand je pars le matin, il fait encore nuit. Et les fins d'après-midi passent vite, entre les devoirs à surveiller, les lessives, les courses, le dîner à préparer… Sans compter les cours de judo les mardis et les vendredis pour les deux grands. Bien sûr, il y a les week-ends, mais ils sont largement occupés aussi par les activités des enfants : le samedi, Gaëtan encadre l'entraînement à l'école de cyclisme et, quand il n'y a pas d'interclubs de judo pour les deux grands, Alexis l'accompagne. Et le dimanche, ce sont les courses de vélo, on y va tous.

Bref, même si je ne voudrais rien changer à ma vie, parce que j'ai un mari formidable et trois enfants que j'adore, eh bien… j'avais quand même envie de crier « Stop ! » depuis au moins la fin du mois de novembre. Envie de prendre le temps de faire des câlins avec Romain sous la couette plutôt que de l'habiller à toute vitesse pour le déposer encore à moitié endormi chez la nounou. De traîner au petit déjeuner. Et de regarder des dessins animés de mon enfance enfoncée dans le canapé avec les garçons. Pour ça, j'ai été servie : rien que le jour de Noël, on s'est fait *Le Roi lion*, *Aladdin* et même… *Robin des Bois* ! Je connais bien sûr toujours toutes les chansons par cœur et Mathéo adore chanter avec moi.

Le soir de Noël, le 25, après la fête, on a bu un chocolat chaud et on a mangé des tartines tous les cinq, et finalement, ce moment tout simple en famille, une fois les tantes, oncles et cousins repartis, a peut-être été le meilleur de la journée. Je m'en suis d'ailleurs fait la réflexion à voix haute, et tout le monde est tombé d'accord avec moi. Du coup, on a sorti la tablette qui avait été rangée depuis la veille (pas d'écran le jour de Noël, c'est la règle !), et, tous ensemble serrés sur le canapé, près du sapin qui clignotait dans le salon envahi de papiers-cadeaux, on a fait défiler nos meilleurs moments de l'année passée. Chacun a eu droit de choisir *son* meilleur souvenir à lui. Mais bien sûr, pas le droit de tricher en choisissant tous le même souvenir !

C'est moi qui ai commencé. J'ai choisi une photo qui date du mois de mai. C'est Gaëtan qui prend le cliché, les enfants sont tous les trois autour de moi qui souris, un cœur en pâte à sel orange autour du cou. Le cadeau de la fête des Mères réalisé par Mathéo. Mathéo, très fier à la vue de cette photo, est venu s'installer sur mes genoux et m'a récité au creux de l'oreille la poésie qu'il avait eu tant de mal à apprendre pour ce jour-là, et qui m'avait tant fait rire :

Bien sûr, maman, je veux t'offrir
Oh ! tout ce qui peut te faire plaisir.
Naturellement, pas des trésors,
Non, mais de gros efforts.
Et, cette fois-ci, promis, je vais
Faire mon lit, ranger, m'appliquer ;
Éteindre la télévision,
Apprendre par cœur mes leçons,
Être un modèle d'obéissance...
Mais tout à coup, maman, j'y pense :
Avec un enfant si parfait,
Maman, c'est sûr... tu t'ennuierais !

À son tour, Gaëtan a choisi sa photo de l'année 2016. Sans surprise, il a dévoilé un cliché d'Alexis debout sur la première marche du podium lors de la course cycliste à Guillac en juin. Je sais que Gaëtan a été incroyablement fier de ce succès de son fils, qui venait en quelque sorte couronner des mois d'efforts et de complicité père-fils.

À l'unanimité, on a alors décidé que c'était au tour de Romain de choisir sa photo de l'année. Bien sûr, à deux ans et demi, il est encore trop petit pour donner son avis, alors, on a choisi pour lui. Le 30 juillet 2016, c'est le baptême de Romain. Presque toute la famille et les amis sont réunis. Il manque juste mon frère et sa famille, et mon papa et son amie qui sont partis en vacances. André, le mari de ma maman, nous prépare un jambon à l'os. Il fait beau, mais sans plus, on prend quand même l'apéritif dehors. Ma sœur Charlène a préparé les gâteaux. On passe une super journée.

À son tour, Mathéo s'est saisi de la tablette. Il a fait défiler tout un tas de photos, a pas mal hésité avant d'éclater de rire devant une photo de groupe sur laquelle il a arrêté son choix. J'ai reconnu bien sûr immédiatement le masque épouvantable qu'il portait le jour d'Halloween, qu'on était allés fêter chez des amis. Les enfants s'étaient tous déguisés et avaient insisté pour que les adultes se maquillent. « Allez, les parents, sinon, c'est pas drôle ! » J'avais accepté de me transformer en sorcière pour la soirée. Et je reste persuadée que si la quête de bonbons avait été si fructueuse ce soir-là, c'est que j'étais particulièrement impressionnante dans mon rôle.

C'est Alexis qui a terminé la série. Comme il passait en dernier, il avait eu le temps de réfléchir à la photo qu'il allait choisir, si bien qu'il est allé droit au but quand il a eu la tablette entre les mains. À mon avis, il n'avait que l'embarras du choix : rien que cette année, Alexis a déjà participé à je ne sais combien de championnats – en judo, en cyclisme et en course à pied avec le collège ! Pourtant, la photo qu'il a choisie ne le montre pas en tenue sportive. Le voilà le jour de la rentrée en septembre, sérieux avec son sac à dos tout neuf sur le dos. Alexis entre en sixième, je l'accompagne le matin. Il se retrouve avec un de ses meilleurs copains en $6^{ème}3$, ce qui le soulage grandement. Le soir même, comme tous les autres jours par la suite, il prend le car pour rentrer. Depuis septembre, Alexis se débrouille d'ailleurs comme un chef, autant pour l'organisation pratique que pour son travail scolaire. Juste avant les vacances, on a reçu son bulletin du premier trimestre. Il est en toute première partie de la classe et a obtenu, comme déjà à la Toussaint, les félicitations du conseil de classe. Inutile de dire que son père et moi, on ne se fait aucun souci pour lui !

Bref. Je suis une maman comblée et une femme heureuse.

Dimanche 4 juin 2017

ALEXIS

Dimanche sans vélo : aujourd'hui, c'est sortie en famille.

Mon frère Mathéo, qui a toujours un bol incroyable, a gagné à la tombola de l'école de ma cousine des places pour un après-midi au karting. C'est bizarre, il gagne presque toujours quelque chose. En général, des trucs sans intérêt (l'année dernière, il avait rapporté de la kermesse de l'école un énorme pistolet à eau qui n'a jamais vraiment marché), mais là, il a carrément remporté le premier lot alors qu'il n'avait acheté qu'un seul ticket. Moi, j'avais acheté deux ou trois tickets, mais je n'ai rien eu. Ça aurait pu m'énerver parce que, même si je sais que c'est le hasard, je trouve ça quand un peu même injuste, mais ce n'est pas le cas : Mathéo a gagné deux places, donc, j'y vais avec lui.

Papi, le papa de maman, nous rejoindra là-bas pour faire des photos – et parce qu'il a très envie d'essayer, je crois ! Papa aussi, qui a toujours rêvé d'être un pilote de formule 1, va tenter le coup. Maman ne voulait pas rater ça non plus ; elle nous accompagne donc avec Romain, mais elle restera sur le bord de la piste pour regarder et nous encourager.

Mathéo se prend déjà pour Lewis Hamilton. Moi, je préfère Kimi Räikkönen, que les journalistes appellent Iceman. J'aime bien son côté imperturbable. C'est un type qui ne s'énerve jamais. Sur mon vélo, je suis comme lui : impossible de me faire perdre mon sang-froid. Pareil en judo. Lors du championnat du Morbihan de judo à Guénin, le 14 mai, je me suis fait écraser le pied par un adversaire pendant un *o-goshi*. Ça m'a fait un mal de chien, mais j'ai quand même poursuivi le combat et j'ai fini troisième, ce qui m'a permis de gagner ma place pour le championnat de Bretagne la semaine suivante. Ce n'est qu'après que j'ai montré mon pied enflé à maman. Elle a eu peur, voulait même m'emmener aux urgences ! Finalement, un sac de glace a suffi, et j'étais en forme pour le championnat régional à Quimperlé, où j'ai fini septième en moins de 46 kilos.

Bon, quand on arrive au circuit de karting, je suis quand même un peu impressionné, j'avoue. Les karts font un bruit incroyable et vont beaucoup plus vite que ce à quoi je m'attendais. En plus, il y a beaucoup de monde sur la piste et les bolides se doublent en zigzaguant, ce qui ne me semble pas franchement rassurant. Si je réfléchis bien, le seul engin que j'aie déjà conduit, c'est... une auto tamponneuse à la fête foraine.

Un jeune homme nous indique nos karts et nous aide à boucler nos casques. J'ai le numéro 10, Mathéo part en pole position avec le numéro 14. Le casque est lourd et inconfortable, et je n'arrive pas à régler mon siège correctement, si bien que j'ai les genoux qui me remontent au niveau du menton. Mathéo démarre dans un crissement de pneus et je reste à l'arrêt, tentant tant bien que mal de rajuster mon casque qui me tombe sur le nez. Derrière moi, dans son kart numéro 3, papa se marre. Il fait vrombir son moteur pour me faire signe de démarrer, mais je m'emmêle dans les pédales, et mon kart fait un tout petit bond en avant. Mathéo est déjà loin, et papi, qui termine son premier tour de piste, nous fait signe en passant.

Ce truc commence à m'énerver sérieusement ! Papa vient se placer à côté de moi et me donne quelques indications. Et puis il démarre pour de bon, au moment où Mathéo nous double dans un nuage de poussière. J'hésite un peu. Si je m'écoutais, je laisserais volontiers tout tomber. Finalement, j'accomplis deux tours de piste tant bien que mal, les mains crispées sur le volant et le pied sur la pédale de frein. À mon deuxième passage à la vitesse d'un escargot, maman, sur le bord de la piste avec Romain, n'en peut plus de rire, et je finis par éclater de rire, moi aussi. Décidément, les sports mécaniques, ce n'est pas mon truc !

Après, on boit un verre tous ensemble avant de rentrer. On écoute Mathéo et papi raconter leurs exploits, et papa me chambre un peu :

— Alors, où est passé Alexis le téméraire ?

Papi se moque gentiment :

— Tu avais perdu la pédale d'accélérateur ?

Du coup, j'en rajoute une couche pour les faire marrer :

— Eh ! mais vous oubliez que j'ai le mal de mer en voiture, moi ! Mais vous êtes passés trop vite, vous n'avez pas eu le temps de voir, en me doublant, que j'étais tout vert…

Maman se lève, il est temps de rentrer. Elle m'ébouriffe les cheveux en lançant :

— N'empêche, vous rigolez, mais essayez un peu de monter sur vos vélos, messieurs, et on verra qui vous prendra des tours. N'est-ce pas, Alexis ?

Dans la voiture, sur le trajet du retour, je me laisse bercer par le ronronnement rassurant du moteur de notre Ford Focus familiale. Papa et maman, devant, font des projets pour les vacances qui approchent tandis que Mathéo, à ma gauche, raconte en boucle comment il a franchi la ligne d'arrivée juste quelques secondes avant papa. Je soupçonne papa d'avoir ralenti au dernier moment pour le laisser gagner, parce que c'est bien son genre, mais je ne dis rien à Mathéo. Moi, je me revois sur mon vélo, franchir seul la ligne dans un état d'excitation immense, et je suis content que Mathéo ait, d'une certaine manière, connu cette joie-là… même si c'était dans ce kart ridicule !

Dans le rétroviseur, papa me fait un clin d'œil, et je comprends qu'il me remercie de n'avoir pas gâché le bonheur de mon petit frère. À ma droite, Romain s'est endormi dans son siège-auto, la tétine dans la bouche. De temps en temps, il fait entendre des petits bruits de succion.

Qu'on est bien, tous les cinq, unis comme les doigts de la main !

3
Ce jour-là…

Jeudi 3 août 2017

ALEXIS

J'ai pas mal râlé, j'avoue, quand les parents, après avoir fait plein de plans avec nous pour les vacances, nous ont finalement annoncé qu'on passerait l'été en Bretagne. Moi, j'avais espéré qu'on irait une semaine ou deux à la montagne. Je me voyais bien faire le Tourmalet avec papa et Mathéo ! Mais bon, visiblement, ce n'est pas encore pour cette année… Papa a trop de travail, maman trouve que c'est trop cher pour le moment, et les deux ont été d'accord pour dire qu'on aurait tort de se priver de profiter d'un séjour au mobile home, à Moëlan-sur-Mer.

Moëlan, j'aime bien y aller pendant l'année, c'est sûr. Mais ce n'est qu'à une heure de la maison, c'est un endroit que je connais par cœur, et puis, partir juste avec Mathéo au camping chez mamie et Dédé, c'était pas vraiment comme ça que j'avais imaginé les vacances en famille.

Donc, au mois de juillet, j'ai fait la tête pendant quelques jours. Parfois, ça fonctionne : maman est désolée de me voir traîner ma « mine des mauvais jours », comme elle dit, alors, elle me cuisine un peu. Au début, je hausse les épaules en disant que tout va bien, qu'il n'y a rien. Éventuellement, je m'enferme dans ma chambre pendant une heure ou deux. Alors, elle insiste, et je fais semblant de me laisser tirer les vers du nez. Au bout du compte, elle finit par flancher et autoriser, par exemple, la sortie au McDo ou les deux heures de console. Mais sur ce coup-là, ça n'a pas marché, et on a donc passé déjà tout le mois de juillet en Bretagne, pour bonne partie à la maison. Et là, ça fait plusieurs jours que je suis au mobile home avec Mathéo, Dédé et mamie.

Combien de jours exactement ? En fait, je n'en sais rien, parce qu'en vacances, tous les jours se ressemblent. Et puis je dois dire qu'on s'amuse bien, finalement, tous les quatre – tous les cinq avec Louna, la chienne pincher croisé teckel marron de mamie et Dédé. J'adore les animaux. D'ailleurs, on a deux chattes à la maison, mais elles ont treize ans et ne sont donc plus très joueuses ! Alors, je profite quand je suis là pour jouer avec Louna, qui a trois ans. Je ne me lasse pas de lui lancer des bâtons ou des balles qu'elle rapporte. Le mieux, c'est quand je fais semblant de lui jeter un jouet que je cache en fait dans mon dos. Je peux le faire des dizaines de fois, elle se laisse prendre à tous les coups parce qu'elle s'élance dès que je fais le mouvement de tendre le bras, sans regarder si j'ai quelque chose en main. Je regrette juste de ne pas pouvoir l'emmener à la plage, parce que c'est interdit aux chiens. Mathéo et moi, on s'est dit qu'un soir, on irait quand même jouer sur la plage avec Louna. De toute façon, passé dix-neuf heures, il n'y a plus personne, et surtout plus de maîtres-nageurs pour nous interdire quoi que ce soit. On jettera des bâtons dans la mer à Louna, et quand elle nous les rapportera, elle s'ébrouera pour se sécher et on sera tout mouillés, mon frère et moi.

Il fait beau depuis qu'on est arrivés, et on se baigne tous les jours avec Dédé. Mamie n'aime pas trop l'eau, mais en général elle nous rejoint quand même sur la plage parce qu'elle a toujours peur qu'il nous arrive quelque chose. Je me demande bien quoi, vu que Dédé ne nous lâche pas d'une semelle et qu'il y a des maîtres-nageurs armés de jumelles tous les 100 mètres, mais bon. En plus, mamie ne sait pas nager, si bien que je ne sais pas ce qu'elle ferait si on était vraiment en train de se noyer. En tout cas, c'est sûr qu'elle nous verrait couler : quand on est dans l'eau, elle ne nous quitte pas des yeux et, même lorsqu'on atteint les bouées jaunes, qui signalent la fin de la baignade autorisée, on voit sa petite silhouette tout là-bas sur la plage.

On pourrait croire que c'est ennuyeux, parce que le camping est tout petit. Et puis, ce n'est pas le genre de camping comme ceux où vont beaucoup de mes copains de classe, avec piscine, salle de jeux, buvettes, animations toute la journée et musique le soir. Ici, à Kerfany-Plage, il n'y a rien de tout ça, et en fait, c'est bien mieux comme ça. La mer est à moins de 100 mètres, et quand on ne se baigne pas, on va jouer dans le bois juste derrière. Mathéo et moi, on a commencé à construire une cabane. J'aimerais bien y dormir une nuit, mais ça m'étonnerait que mamie nous y autorise !

En fin d'après-midi, après la plage, on se douche dans le mobile home et on va faire notre promenade quotidienne. On part toujours par le fond du camping, ça donne sur un bois et des chemins de randonnée. On marche beaucoup, en variant les itinéraires. Tous les jours, on essaye de faire un peu plus. Sur mon portable, j'ai installé une application qui compte le nombre de pas qu'on fait et les kilomètres parcourus. Je prends en photo les chemins bordés d'ajoncs, la bruyère, la mer qu'on aperçoit au loin ou bien qu'on longe pendant plusieurs kilomètres et qui n'a jamais la même couleur deux jours de suite.

Le soir, quand on rentre, on s'installe sur la petite terrasse du mobile home. Il fait un peu frais, on se refroidit tout doucement jusqu'à devoir enfiler un sweat – mamie dit « passer une petite laine » – et on dîne tous les quatre. Dédé adore cuisiner ; il nous fait des grillades ou bien des salades délicieuses. Autour de la table, on revit la journée qui vient de se passer, et puis on fait des projets de balades pour le lendemain. Ce soir, je fais défiler un plan sur l'écran de mon téléphone :

— Eh ! regardez ! On part toujours par le chemin du petit bois, derrière le camping, vous voyez, celui-là, là…

Je suis le tracé du sentier du doigt.

— Ça vous dirait, demain, de faire une nouvelle promenade ? J'ai repéré un sentier côtier qui nous mènerait tout de suite au bord de l'eau et qui a l'air sympa.

Dédé et Mathéo se sont penchés pour mieux voir le chemin que je leur désigne.

— Cool, dit Mathéo. Moi, j'ai envie d'essayer. T'en dis quoi, Dédé ?

— C’est comme vous voulez, les gars, dit l’intéressé. Mais moi, demain, je vous abandonne : je suis attendu pour une partie de boules avec mes copains. Il faut donc voir ça avec votre grand-mère.

Mamie, qui était dans le mobile home en train de faire la vaisselle, a entendu qu’on parlait d’elle. Elle sort en s’essuyant les mains dans un torchon à fleurs. À cinquante-neuf ans, mamie est toujours très dynamique. Elle n’est pas bien grande – je la dépasse déjà en taille depuis la fin du CM2 –, mais elle dégage une énergie incroyable.

— Vous avez besoin de moi, mes chéris ?

Je lui montre la carte sur mon téléphone, déroule le sentier bordé de bleu sous ses yeux.

— Qu’est-ce que tu en penses ?

— Je connais ce chemin de randonnée, en effet, et c’est une promenade magnifique. Mais tu vois – elle agrandit l’image en écartant le pouce et l’index –, il faut partir dans le sens inverse par rapport à d’habitude. Pas par le bois, mais de l’autre côté du camping. En fait, le chemin commence juste là, dit-elle en pointant son doigt sur l’écran. Il faudra donc marcher pendant quelques centaines de mètres sur la route qui longe le camping, tu vois ?

On observe tous ensemble en silence le sentier virtuel qui serpente sur l’écran avant d’aller se coucher.

***

Dans mon lit, près de Mathéo qui s’est endormi, je garde les yeux ouverts. J’écoute longtemps le roulement de la mer au loin en imaginant les surprises que nous réserve la randonnée de demain. Enfin, je me laisse prendre par le sommeil et je m'endors, serrant dans ma main mon ticket de jeu à gratter que Dédé m'a acheté ce matin au bar-tabac.

C'était un ticket perdant.

Vendredi 4 août 2017

RÉJANE

— Ça marche, à tout à l'heure, je t'attends à partir de vingt heures trente, dès que j'ai couché Romain. Bisou !

Je raccroche et me pelotonne sur le canapé contre mon petit dernier qui regarde un DVD des Barbapapa. Il est tout chaud, il sent bon le bébé propre et ça me fait du bien après la journée de travail, car le vendredi, c'est toujours chargé à la pizzeria. J'aime bien ce rythme des vacances, quand les grands sont chez ma maman et que je peux passer un peu plus de temps avec Romain que je récupère chez la nourrice en fin d'après-midi. Je saisis aussi souvent cette occasion d'un emploi du temps familial allégé pour sortir avec des copines. Ce soir, c'est Karine qui vient prendre un verre après le dîner. Mais pour l'heure, je suis seule avec mon petit garçon et j'entends bien profiter de ce moment à deux.

Sur la table basse, mon téléphone fixe sonne de nouveau. Je me redresse, jette un coup d'œil à l'écran. C'est Sam, mon frère. C'est rare qu'il m'appelle comme ça dans la journée.

— Allô ?

— Réjane ?

Je ne reconnais pas son ton habituel. Aussitôt, mon cœur s'accélère et je m'assieds au bord du canapé, comme si je m'apprêtais à bondir.

— Oui ? Qu'est-ce qu'il y a ?

— Écoute, je viens d'avoir maman au téléphone et…

— Maman ? Mais elle est au mobile home, avec Dédé et les garçons. Elle va bien ?

J'ai posé la question presque par réflexe. Mais déjà je *sais*, à l'urgence que je sens dans sa voix, que quelque chose est sur le point de s'effondrer.

— Maman vient de m'appeler, Réjane, parce qu'Alexis a eu un accident. Une fracture ouverte de la jambe, d'après ce que j'ai compris.

— Quoi ? Mais pourquoi est-ce qu'elle t'a appelé, *toi* ? Qu'est-ce que c'est que cette histoire ?

— Je n'en sais pas plus, si ce n'est que maman était totalement affolée et se sentait incapable de te prévenir elle-même. Apparemment, elle a appelé les pompiers qui sont en route.

— Les pompiers ? Pour une fracture ?

Ma voix part dans les aigus. Au bout du fil, mon frère garde le silence. Peut-être une seconde ou deux. Le temps que je respire un grand coup. Il reprend, doucement :

— Je pense qu'il faut que tu viennes, Réjane. Le plus vite possible.

Déjà, je suis debout, j'ai enfilé une paire de sandales et, le téléphone coincé entre la joue et l'épaule, je suis en train de jeter quelques affaires dans mon sac – un biberon, deux couches, des lingettes.

— Je fais au plus vite, Sam.

— OK. Je pars tout de suite, j'y serai de toute façon avant toi. Je te tiens au courant.

Sam habite Quimper, à trois quarts d'heure de route tout au plus du camping.

Dès que j'ai raccroché, j'essaye de joindre maman, mais je tombe directement sur son répondeur. À mon troisième appel, maman décroche enfin.

— Maman ! Qu'est-ce qui se passe ?

— Alexis a eu un accident ! Une voiture… une voiture qui lui a foncé dessus.

J'entends les mots *pompiers*, *sang*, *beaucoup de sang*, *inconscient*. Une voix hurle à l'intérieur de moi : *Est-ce que mon fils va mourir ?* Ma voix hurle dans le téléphone :

— Est-ce que mon fils va mourir ?

— Non, bien sûr que non, il…

Maman s'arrête. Fait une pause. Reprend :

— Je ne sais pas, Réjane.

Sur le canapé, Romain agite la main frénétiquement. À l'écran, Barbapapa, Barbamama et leurs sept Barbabébés lui font coucou depuis leur monde enchanté.

***

Je raccroche, préviens Gaëtan qui est sur la route, de retour du travail. Je l'informe juste qu'Alexis a eu un accident et qu'il faut qu'on y aille. Je ne veux pas en dire plus, mais j'entends qu'il a éteint la radio :

— Attends, Réjane. Comment ça, un accident ? Un accident grave ?

— Écoute, je ne sais pas… Sûrement une fracture ouverte. Il faut qu'on y aille, en tout cas. Je te laisse, maman me rappelle, là.

Je mets fin à la conversation et prends maman. Elle me dit que les pompiers sont là, qu'ils veulent me parler. Moi aussi, je veux leur parler, et quand j'entends la voix de cet homme inconnu dans mon oreille, de cet homme qui va sauver mon fils – qui *doit* sauver mon fils –, je dois me retenir pour ne pas hurler :

— Comment va Alexis ?

La voix du pompier est calme, posée.

— Madame, nous nous occupons de votre fils. Mais en attendant que vous arriviez, j'ai besoin de quelques renseignements.

Alors, comme si cela pouvait empêcher que mon fils se vide de son sang, là-bas, si loin, je donne d'une voix sans timbre les informations demandées : nom, adresse, âge et poids d'Alexis...

Alors que je m'apprête à raccrocher, sa voix se fait plus pressante :

— Madame, je voulais vous dire... Votre fils a eu un très gros choc sur la tête. Et puis, vous savez, sa jambe n'est vraiment pas belle. On a... On a ramassé des fragments d'os sur la route.

Je ne réponds rien. Est-ce que je ne veux pas entendre ? À l'autre bout du fil, un homme inconnu murmure presque :

— S'il vous plaît... Faites attention à vous sur la route.

Tout en décrochant de nouveau le téléphone – c'est mon frère, arrivé sur place, qui me dit qu'un hélicoptère est sur le point d'atterrir pour emporter Alexis –, je monte quatre à quatre les degrés de l'escalier pour prendre quelques vêtements dans la commode de la chambre de Romain.

— Ça doit être grave, me dit Sam.

Derrière lui, j'entends maman qui redemande au pompier ce qui se passe exactement. J'entends aussi que celui-ci ne veut rien répondre. Sam reprend, plus doucement :

— C'est grave, Réjane.

Tout en fouillant dans les tiroirs de la commode, je passe un coup de téléphone à Marie, ma collègue, pour savoir si elle peut travailler à ma place demain. Gaëtan n'est toujours pas arrivé. En bas, dans le salon, Romain chantonne devant le générique du dessin animé. *Voici venir les Barbapapa, toujours contents ! Papa et maman et leurs enfants...* Alors, parce que j'ai besoin de ne pas être seule, je m'assieds par terre dans la chambre de Romain et j'envoie des SMS à la famille pour dire qu'Alexis a eu un accident. J'ai besoin de faire quelque chose aussi pour Alexis. Il faut qu'il sache, où qu'il soit en ce moment, que je suis avec lui. J'appelle Céline et Karine, deux amies magnétiseuses, et leur envoie une photo d'Alexis ainsi que sa date de naissance pour qu'elles le soulagent un peu à distance si c'est possible.

Enfin, Gaëtan est arrivé, et déjà nous sommes repartis tous les trois. Il est dix-sept heures. Ce n'est qu'une fois passé Lorient que je m'aperçois que je n'ai rien emporté pour nous.

La route est longue jusqu'au mobile home et il y a du monde sur la N165, comme toujours les vendredis de vacances, d'autant que ce week-end a lieu le Festival interceltique de Lorient. La présence de Gaëtan à mes côtés m'a apaisée un peu, je pense à Alexis, bien sûr, mais je ne le vois plus en train de mourir sur le bord d'une route. J'imagine que mon grand garçon sera déjà plâtré quand on le retrouvera à l'hôpital. Un beau plâtre, qui lui enserrera sans doute toute la jambe jusqu'au haut de la cuisse. Je pense aussi à la voiture. Ou, plus exactement, au chauffard qui a fait ça à mon fils, et la colère m'étouffe. *L'inconscient ! Le danger public ! Le... le salaud !*

De temps en temps, quand Gaëtan pose sa main sur le levier de vitesses, je la serre très fort dans la mienne.

Enfin, nous quittons la voie express au niveau de Quimperlé. Il est dix-huit heures trente quand nous arrivons à Moëlan-sur-Mer. J'avais imaginé que Mathéo se jetterait dans nos bras, que maman accourrait vers nous en pleurant. Et je voyais, un peu en retrait, Sam nous faire signe de ne pas nous inquiéter, que tout irait bien maintenant.

Mais c'est un tout autre film qui se déroule lorsque nous passons devant les lieux de l'accident, juste avant d'arriver au camping de Kerfany-Plage. Des images que j'ai déjà vues mille fois à la télé ou dans ma tête, voitures bleues et blanches des gendarmes, gyrophares qui tournent comme au ralenti, transforment ce lieu familier en scène de cauchemar. Nous ne nous arrêtons pas – à quoi bon ? J'ai trop hâte de retrouver maman et Mathéo, de les serrer sains et saufs contre moi. Devant le mobile home, un petit attroupement nous accueille : ma maman, Dédé et mon frère, et puis d'autres personnes que je ne connais pas. Elles forment un cercle silencieux et triste, et l'image qui me vient à l'esprit est celle d'un enterrement. Je sors de la voiture, serre ma maman dans mes bras ou plutôt me jette dans les siens sans y trouver de réconfort. Curieusement, c'est elle qui pleure et c'est moi qui lui caresse les cheveux en murmurant :

— Là, ça va aller, ça va aller. On va lui refermer sa fracture et tout ira bien.

Maman ne dit rien, elle sait bien que c'est moi-même que je tente de rassurer par ces mots. Personne ne dit rien, en fait, et c'est Mathéo qui est là aussi, soudain, qui m'embrasse en pleurant et sanglote :

— Non, maman, ça ne peut pas se passer comme ça. En fait, Alexis n'a plus de jambe gauche.

Pourquoi personne ne le fait-il taire ? Je serre Mathéo très fort contre moi parce que je suis tellement soulagée de voir que lui va bien, et pour qu'il se calme, mais c'est Sam qui continue en me serrant l'épaule :

— Mathéo dit qu'on va devoir lui mettre une fausse jambe…

Je ne relève pas. Est-ce que je ne comprends pas encore vraiment ? Est-ce que je ne veux pas comprendre ? Mon cœur est un gros poing serré qui cogne dans ma poitrine.

Le pompier m'appelle. Il m'explique qu'Alexis a été emmené en hélicoptère à l'hôpital Morvan, à Brest. Qu'il faut qu'on se présente aux urgences pédiatriques. Gaëtan, à côté de nous, est déjà en train d'entrer l'itinéraire dans son téléphone.

— On en a pour une heure et demie, murmure-t-il.

Sam propose de garder nos deux garçons pour la nuit. Je lui tends le sac que j'ai préparé à la va-vite pour Romain, et déjà je remonte dans la voiture.

***

Nous roulons vers Brest en silence. Il y a toujours beaucoup de circulation, Gaëtan est très concentré. Je voudrais qu'on arrive vite, très vite pour retrouver Alexis.

Et en même temps, ce moment de trajet a quelque chose de rassurant, parce que j'ai l'impression que tout est encore possible. Ou plutôt que rien ne s'est encore *vraiment* produit. Je sais que l'arrivée à Brest va être rude.

Nous venons de dépasser Quimper lorsque mon téléphone sonne, venant briser notre fragile cocon. C'est un numéro inconnu.

— Allô ?

Au bout du fil, la voix d'un homme. Clair, précis, il se présente comme le docteur N., le chirurgien qui s'occupe d'Alexis.

— Où en êtes-vous ?

Je jette un œil au GPS.

— Nous serons là d'ici trois quarts d'heure si tout va bien.

Silence au bout du fil. J'entends qu'il parle avec quelqu'un, puis :

— Vous êtes avec votre mari ?

— Oui, c'est lui qui conduit. Nous arrivons tous les deux.

— Très bien. Écoutez, madame, je… je suis désolé de devoir vous dire ça au téléphone. Mais nous ne pouvons plus attendre. Alors… j'ai besoin de votre accord, et de celui de votre mari. Nous allons devoir amputer Alexis.

Gaëtan me jette un coup d'œil. Le bruit du moteur l'a empêché de suivre la conversation. Le combiné dans la main, je me tourne vers lui, et les mots sortent de ma bouche en un murmure étranglé :

— C'est le chirurgien. Il veut… Il faut qu'on donne notre accord pour amputer la jambe d'Alexis.

Gaëtan, qui était resté jusqu'à présent incroyablement calme, se met à pleurer. Je reprends le téléphone :

— S'il vous plaît, monsieur... Dites-moi comment va mon fils.

— Madame, il faut l'opérer. Très vite. Sa vie en dépend. Sa vie dépend de cette amputation. Et pour l'amputer, j'ai besoin de votre accord.

J'échange un regard avec Gaëtan, qui cligne les yeux en signe d'acquiescement. De toute façon, on n'a pas le choix, n'est-ce pas ? Dans le téléphone, je dis, avant de raccrocher :

— Allez-y, alors. Faites ce qu'il faut.

Gaëtan ne quitte pas la route des yeux. Les larmes ruissellent le long de ses joues. *C'est un cauchemar. On va se réveiller.*

Dans la foulée, le téléphone sonne de nouveau. C'est un autre professeur. L'espace d'une seconde, j'ai l'illusion qu'il va me dire qu'on s'est trompé, que ce n'est pas Alexis, mais quelqu'un d'autre à qui on s'apprête à couper la jambe. Je me rattrape à cette dernière bouée.

— Comment va mon fils ?

— Vous savez, il a été très choqué...

Doucement, il m'explique qu'ils ont étudié toutes les autres possibilités. Mais qu'ils ne peuvent rien faire d'autre. L'amputation est la seule solution pour sauver Alexis.

— Je suis désolé, madame.

Je suis tellement fatiguée, soudain. Je regarde la route qui se déroule devant nous, si longue. Infinie. Je ne veux pas qu'il meure.

Alexis, tiens le coup. Je t'en supplie, ne meurs pas.

4
Pourquoi lui ?

RÉJANE

Nous arrivons enfin à Brest. L'hôpital est en centre-ville, et la fin de la route me semble interminable. Feux rouges, stops, nous avançons si lentement que c'est insupportable. Il est environ vingt heures trente quand nous entrons sur le parking. Gaëtan craint qu'on ne trouve pas à se garer, il se faufile donc dans la première place libre, juste à l'entrée de l'hôpital, et on décide de continuer à pied. On court plus qu'on ne marche, cherchant des yeux les panneaux. *Où se trouve le bâtiment des urgences ?* Gaëtan me tire par le bras en m'indiquant une direction :

— Là-bas, bâtiment 5 !

C'est de l'autre côté de l'hôpital, à l'opposé de l'endroit où on est garés. On court côte à côte, sans échanger un mot.

Complètement essoufflés, nous entrons enfin à l'accueil des urgences. Il fait encore jour dehors ; pourtant, la salle est éclairée au néon, ce que je trouve désagréable.

Derrière le bureau, une femme tapote sur son ordinateur en donnant des renseignements à un homme âgé qui semble chercher quelqu'un. J'ai envie de crier qu'on est là, que nous sommes attendus, mais je me retiens. Enfin, c'est notre tour.

— Je suis… On est les parents d'Alexis.

Aussitôt, la femme lève les yeux de son écran.

— Bonsoir, lâche-t-elle avant de refermer aussitôt la bouche, comme pour ravaler ce qu'elle était sur le point d'ajouter.

Elle nous fait signe de la suivre.

Gaëtan et moi, on marche derrière elle en se tenant par la main. On traverse un couloir, passe devant plusieurs portes fermées. Tout est silencieux. J'ai envie de courir, d'ouvrir toutes les portes. *Pourquoi cette femme ne dit-elle rien ? Où est Alexis ? Est-ce qu'il est là, allongé derrière une de ces portes ? Est-ce qu'il est... mort ?*

La femme nous installe dans un bureau et nous laisse seuls. Quelques minutes après, une infirmière de garde vient nous voir. C'est une petite femme au visage ouvert. Elle nous parle d'une voix douce :

— Vous devez avoir soif, après ce long trajet. Peut-être n'avez-vous pas pris le temps de manger ? Souhaitez-vous que je vous apporte quelque chose ?

J'échange un regard avec Gaëtan, ce qu'elle semble prendre pour un oui. L'infirmière s'absente juste quelques secondes et revient avec un plateau. Ses gestes précis, professionnels même lorsqu'elle nous apporte de l'eau et quelques biscuits, ont quelque chose d'étrange dans ce contexte. On dirait que c'est de nous qu'elle prend soin, comme si c'était nous, les patients. Et en quelque sorte, nous le sommes, ce qu'elle confirme par ces mots :

— La nuit risque d'être longue, vous devez reprendre des forces.

Je grignote un biscuit du bout des dents. Bien sûr, je n'ai pas faim, mais cela me permet de tromper un peu l'angoisse qui monte en moi depuis que nous sommes entrés dans l'hôpital. J'éteins mon téléphone qui ne cesse de vibrer dans ma poche. Quelles nouvelles donner à ceux qui s'inquiètent ? Nous ne savons toujours rien, et je sens que j'ai besoin de me concentrer sur ce qui va arriver.

Enfin, le médecin urgentiste qui a pris en charge Alexis à son arrivée à Brest entre dans la pièce. Nous nous levons pour lui serrer la main. C'est un homme dans la trentaine, grand, très calme. Il écarte les pans de sa blouse blanche qu'il porte ouverte et s'assied sur la chaise libre, laissant la table entre lui et nous. Sa voix est posée, précise, comme au téléphone tout à l'heure.

— Écoutez. Je ne vais pas vous mentir. Alexis est arrivé dans un état critique. Le choc avec le véhicule a été important et nous avons affaire à une fracture qu'on appelle multifocale, c'est-à-dire que…

Est-ce que je ne comprends rien ou est-ce que je ne veux pas écouter ? À côté de moi, Gaëtan semble très concentré. Je l'entends qui pose des questions, mais je ne parviens pas à écouter les réponses que fait le médecin. Tout ce que je veux, c'est savoir comment va mon fils. Je me retiens pour ne pas me lever d'un bond. J'ai envie de renverser la table et la chaise sur laquelle je suis assise et de hurler que je veux juste qu'on me laisse voir mon petit garçon. Au lieu de ça, je demande d'une voix étranglée par les larmes :

— S'il vous plaît... Dites-moi juste comment va Alexis.

Le médecin semble presque soulagé de cette diversion. Il se lève, nous dit qu'il va appeler le bloc pour savoir comment se passe l'opération. Nous restons tous les deux dans la petite pièce surchauffée. Je regarde le plafond, fixant obstinément un petit pli que fait le papier peint, tandis que Gaëtan envoie quelques textos à nos familles. Le docteur est là de nouveau, debout dans l'encadrement de la porte :

— Alexis est stable.

Qu'est-ce que ça veut dire, « stable » ? Qu'il va bien et que son état est stable ? Une petite voix au fond de moi me dit que ce n'est pas ça. Parce que quand quelqu'un va bien, on dit juste qu'il va bien, non ? Disons donc qu'Alexis ne va pas bien, mais que son état a cessé de s'aggraver. Disons que ça pourrait être pire.

Le médecin nous demande de le suivre :

— On va vous faire monter au service de réanimation. Là, vous pourrez attendre Alexis...

Une jeune femme nous montre le chemin du service, puis nous présente à Sabrina, l'infirmière qui s'occupera d'Alexis pour la nuit. Sabrina est toute jeune, mais elle a l'air très professionnelle, ce qui me rassure. J'aime bien la façon dont elle se déplace et installe les objets dont elle aura besoin. Avec discrétion, efficacité, beaucoup d'attention aussi. Je la regarde faire, j'aimerais pouvoir l'aider. Je me sens tellement impuissante...

Sabrina nous montre la chambre qui sera celle d'Alexis. Une chambre d'hôpital comme toutes les chambres d'hôpital – lino gris-bleu, fauteuil en skaï marron, table réglable à roulettes, éclairage au néon.

La fenêtre, occultée par un rideau, donne sur le couloir réservé au personnel. Je suis frappée par l'absence de lit avant de comprendre qu'Alexis est certainement déjà dans un lit. Elle nous montre également une chambre dans laquelle nous pouvons dormir si nous le souhaitons. Elle nous propose de nous installer et de nous rafraîchir, mais nous n'avons rien emporté, tout est allé beaucoup trop vite. Alors, nous suivons Sabrina dans le « salon famille » où commence l'interminable attente. On tourne en rond tous les deux, sans oser nous absenter plus que le temps nécessaire pour aller aux toilettes. Nous craignons l'un et l'autre de manquer le moment où on viendra nous donner des nouvelles d'Alexis. En mon for intérieur, j'ai aussi la certitude que si je m'éloigne ne serait-ce que pour aller jusqu'au distributeur à boissons, dans le hall d'entrée, le fil ténu qui me relie à mon fils sera rompu. Je reste assise sur la chaise blanche en plastique sans bouger. Je rallume mon téléphone, j'appelle une amie, mon papa, j'envoie des messages à ma sœur, à mon frère. À côté de moi, Gaëtan fait la même chose. Quand je lève les yeux, je vois que dehors, le parking est plongé dans le noir.

Il doit être deux heures du matin lorsqu'on entend les portes du service qui s'ouvrent. Je sursaute légèrement sur ma chaise, mon cœur s'accélère. Ça y est !

Plusieurs personnes en civil pénètrent dans le salon, l'air grave. L'homme qui entre en dernier referme doucement la porte et se racle la gorge. C'est le docteur N., que j'ai eu au téléphone dans l'après-midi. Il est plus jeune que sa voix assurée ne me l'avait laissé supposer – la trentaine tout au plus, il porte des lunettes et une barbe naissante. C'est lui qui vient d'opérer Alexis. Il nous explique que ses veines, ses artères étaient sectionnés à son arrivée, et que le tibia avait connu « une perte de substance osseuse importante ». J'ai déjà entendu ces mots depuis qu'on est arrivés à l'hôpital, tout à l'heure dans le bureau où nous avons été reçus, par exemple. Mais c'est la première fois qu'ils remontent jusqu'à mon cerveau. Bien sûr que non, ce n'est pas du charabia médical. C'est une façon plus polie de dire *sa jambe était en bouillie.* Le médecin poursuit ses explications – j'entends les mots « transfusion » – je comprends qu'il a déjà été transfusé trois fois –, « coma artificiel », et puis « régularisation osseuse », ce que je traduis à voix haute :

— Vous parlez de l'amputation, n'est-ce pas ?

Il me regarde avec gentillesse. Je vois dans ses yeux que cet homme est aussi fatigué que moi.

— Oui, madame. De l'amputation. Nous l'avons réalisée à trois centimètres environ sous le genou.

Il poursuit après un silence, regardant cette fois Gaëtan :

— Je suis bien conscient qu'il est difficile de présenter cela comme une bonne nouvelle. Mais c'en est une, malgré tout, car cela nous a permis de conserver l'articulation.

Les larmes longtemps refoulées se mettent à couler le long de mes joues. Un autre médecin prend la parole pour nous expliquer qu'Alexis est actuellement en salle de réveil, mais que les vingt-quatre prochaines heures seront décisives. Ce mot rebondit contre les parois de mon cerveau comme une balle de ping-pong. *Décisives,*

décisives, décisives... Et puis c'est comme si une petite fenêtre s'ouvrait dans mon esprit : *Alexis a vingt-quatre heures pour choisir entre la vie et la mort.*

L'équipe médicale quitte le petit salon. Avant de refermer la porte, le docteur N. nous regarde tous les deux.

— Je suis désolé... Nous n'avons pas pu faire autrement.

C'est presque le milieu de la nuit quand on entend des bruits métalliques dans le couloir – lit qu'on pousse, chariot de soin. Alexis arrive ! Je ne pense plus à ce moment-là à sa jambe, sa jambe en moins, je veux juste le voir, le toucher...

Alexis est là, enfin, mais c'est le choc. Notre fils est allongé sur le dos, torse nu. Il dort, le visage paisible, mais il est branché de partout. Sa tête et son torse sont recouverts de capteurs, il a même un respirateur artificiel. J'approche une main de son bras, le touche du bout des doigts. Il est froid.

— Gaëtan... Il est glacé !

Gaëtan le touche aussi et se met à pleurer. Moi, je n'y arrive pas, je ne peux pas. Je n'ai plus de larmes. Et puis, il faut que je tienne le coup.

Je ne peux pas regarder sa jambe. Quelqu'un a pris soin de mettre un oreiller sous le drap pour qu'on ne voie pas le trou laissé par ce vide, ce membre en moins.

Sabrina nous demande de quitter la chambre : le médecin doit poser un cathéter près du cœur. On sort tous les deux dans le couloir et on attend, on attend encore et encore. J'ai l'impression que je ne sais plus faire que ça : attendre.

Quand on peut enfin revenir près d'Alexis, je pose de nouveau la main sur lui. Est-ce parce que j'ai froid tout à coup ? Alexis me semble brûlant maintenant. L'infirmière vérifie les capteurs et les sondes – tout semble fonctionner correctement. Mais elle confirme mon impression :

— Effectivement, la fièvre vient de monter, il est à plus de 39.

MATHÉO

Je suis chez tonton Sam. Couché dans le noir, je ne dors pas. Je regarde le réveil qui indique qu'il est 1 h 54. Jamais je n'ai été réveillé à une heure pareille. Je pense à papa et maman qui sont loin, à Alexis qui n'a plus de jambe. Parce que, même si maman ne m'a pas cru quand j'ai dit qu'il allait avoir une fausse jambe, moi, j'ai tout vu.

Et je ne peux pas dormir.

Après la plage, comme tous les jours, on est partis, mamie, Alexis et moi, faire notre balade. On a voulu changer, et au lieu d'aller comme d'habitude vers le bois, on a pris en direction de la plage pour essayer un sentier côtier qu'on ne connaissait pas encore.

On est sortis du camping et on a traversé la route pour monter prendre le chemin qui commence un peu plus loin. Alexis avait repéré tout le parcours, avant-hier soir, sur son téléphone. On s'est mis sur la chaussée, face à la circulation.

On marchait à la queue leu leu. Alexis tenait Louna en laisse, moi, je marchais derrière lui, et mamie fermait la marche.

Allongé sur le dos dans le lit chez tonton Sam, je revois la Clio blanche arriver sur nous. Elle ne roulait pas droit et surtout allait beaucoup trop vite, parce que la route fait un coude en épingle à cheveux à cet endroit. J'ai entendu mamie crier :

— Elle va nous foncer dessus !

Alors, on a fait demi-tour et j'ai entendu la voiture heurter le muret, juste à côté de moi. Là où était Alexis, quelques secondes plus tôt. J'ai entendu Alexis hurler, et puis un bruit de choc beaucoup plus bas. Quand je me suis retourné, Alexis avait disparu et la voiture était repartie. Mamie courait déjà plus loin le long de la route en criant. Je l'ai entendue raconter plus tard aux pompiers et aux gendarmes qu'elle avait vu Alexis se faire projeter dans les airs et retomber en contrebas.

Moi, j'ai vu à ce moment-là qu'il y avait un escalier un peu plus haut, qui permettait de couper pour rejoindre l'endroit où Alexis était tombé, environ quatre mètres plus bas, sans repasser par la route. J'ai couru et pris l'escalier. Là-haut, près du muret, un monsieur criait qu'il fallait arrêter la voiture. Mais bien sûr, même en courant le plus vite possible et en coupant par l'escalier, je ne risquais pas de la rattraper.

Je suis arrivé près d'Alexis. Il ne bougeait pas. J'ai cru qu'il était mort. J'ai vu beaucoup de sang couler par terre, et puis sa jambe gauche qui était retournée. Je suis resté tout seul avec lui pendant un temps qui m'a semblé une éternité. Je l'ai appelé, mais il ne me répondait pas. Un monsieur est arrivé, je lui ai demandé si mon frère était mort, il a pris son pouls et m'a dit qu'il le sentait. Je tremblais de peur et de colère.

Là encore, maintenant, dans mon lit, je tremble en repensant à tout ça.

J'ai trouvé le téléphone d'Alexis qui était tombé pas loin de lui. Alors, j'ai essayé d'appeler les pompiers, mais il avait mis un code, je ne savais pas comment faire. Je pleurais de rage et d'impuissance.

Mamie nous a rejoints, enfin. Elle n'avait pas vu l'escalier et était partie en direction de la plage pour ensuite remonter jusqu'à Alexis et moi. Une dame est arrivée, a demandé son téléphone à mamie et a appelé les pompiers. Bientôt, il y a eu tout un petit attroupement autour de nous. Alexis ne bougeait toujours pas. Mamie m'a demandé d'aller prévenir Dédé. J'ai couru jusqu'au mobile home, et on est revenus tous les deux.

Ensuite, mamie et moi, on est allés voir la personne qui a fait ça, et qui a finalement été arrêtée parce qu'un monsieur qui partait de la plage avait entendu quelqu'un crier qu'il fallait arrêter la voiture. Moi, quand j'avais vu la voiture rouler comme ça, pas droit et si vite, j'avais imaginé que c'était un monsieur qui était au volant, un jeune homme même. Mais en fait, non, c'était une dame, une vieille dame, aux cheveux courts et blancs. Mamie m'a dit après qu'elle avait quatre-vingt-quatre ans. Mamie et moi, on voulait comprendre. Et on était très en colère contre elle, aussi. Mamie a crié :

— Pourquoi vous n'avez pas ralenti ?

Des gens l'entouraient, à qui elle expliquait qu'elle ne nous avait pas vus. Elle parlait d'un chien. Et c'est alors que j'ai pensé à Louna. Qu'était-il arrivé à la chienne qu'Alexis tenait en laisse ?

Un monsieur m'a pris par l'épaule pour que je me calme. Je me suis détourné de la vieille dame et j'ai voulu retourner voir Alexis, mais le monsieur m'a empêché de passer.

Enfin, on a entendu la sirène des pompiers. Ils se sont occupés d'Alexis, ils ont mis un drap sur lui pour le cacher et je pouvais pas le voir. Mais je l'ai entendu crier. Un cri effrayant, qui m'a déchiré le cœur. Et qui m'a enlevé un poids terrible en même temps, parce que j'ai pensé que si Alexis criait, c'est qu'il n'était pas mort. J'ai vu un pompier aller en courant vers son camion et retourner ensuite près de mon frère avant qu'on ne m'emmène à l'écart. Les gendarmes venaient d'arriver et voulaient nous interroger, mamie et moi.

Puis quelqu'un a fait partir toutes les voitures sur le parking de la plage et, un peu après, l'hélicoptère s'est posé. Et là, mamie, Dédé et moi, on s'est dit que c'était très grave.

La propriétaire du camping m'a parlé gentiment et m'a emmené à l'accueil. Là, j'ai retrouvé Louna, qui était passée sous la voiture. La laisse avait été sectionnée, mais elle en est sortie indemne. J'ai joué un peu au baby-foot avec le fils de la propriétaire. Je ne voulais pas parler, j'avais très peur. Je voulais retourner là-bas, avec les pompiers, parce que j'avais l'impression qu'Alexis ne pourrait pas mourir si je restais près de lui. J'ai entendu, au bout d'un long moment, l'hélicoptère décoller. Alors, j'ai couru vers le mobile home me jeter dans les bras de mamie.

Tonton Sam est arrivé, et puis d'autres personnes du camping que je ne connais que de vue. Ensuite, maman, papa et Romain. Mamie pleurait. Mais papa et maman sont repartis très vite pour rejoindre Alexis à l'hôpital.

Je suis content que Romain soit là. Il dort près de moi, dans le même lit, et je l'entends qui respire tout doucement.

Moi, je ne dors pas. Parce que je sais que si je ferme les yeux, je vais voir encore la jambe d'Alexis, et cet angle impossible qu'elle faisait avec son corps. Et tout ce sang qui coulait.

Dans le noir, les chiffres rouges du réveil indiquent qu'il est 2 h 11 maintenant. *Accroche-toi, Alexis. Je t'en supplie, ne meurs pas.*

5

Douze ans...

Samedi 5 août 2017

RÉJANE

Sans que la précédente journée se soit vraiment terminée, on a glissé tout doucement dans une autre. Le jour se lève avec le changement d'infirmière. Bélinda, qui prend la suite de Sabrina, commence par vérifier tous les branchements. Je lève les yeux vers elle et lui pose la question qui tourne en boucle dans ma tête :

— Comment va mon fils ?

Avec un petit sourire désolé, elle me fait la même réponse que Sabrina cette nuit :

— Vous savez, c'est heure par heure.

La matinée se passe à attendre de nouveau. De temps en temps, je jette un coup d'œil vers l'oreiller qui gonfle le drap, soulignant l'absence de jambe.

Il est treize ou quatorze heures quand maman, ma petite sœur Charlène, mon frère Sam, accompagné de sa conjointe Céline, Mathéo et Romain arrivent. Gaëtan sort avec Romain : nous sommes convenus tous les deux qu'il ne fallait pas qu'il voie son frère ainsi. À trois ans, il est trop petit pour comprendre, mais suffisamment grand pour être très impressionné.

Maman pleure. Elle se sent coupable, s'accable de reproches. Je la serre dans mes bras.

— Maman, il ne faut pas... Ce n'est pas ta faute, tu n'y es pour rien.

Tandis que Bélinda explique à Mathéo avec des mots choisis tout ce qui est arrivé à Alexis et la façon dont on va s'occuper de lui, j'interroge maman sur les circonstances de l'accident. Ce qu'elle m'apprend me glace : Alexis a été traîné par la voiture contre le muret, sa jambe bloquée, avant d'être projeté en contrebas.

Pour le moment, je mets cette information de côté : je veux qu'Alexis vive, c'est tout.

Mes amies Céline et Karine arrivent ensuite, avec Sabine et Sabrina, ma belle-mère et ma belle-sœur. Par pudeur ou parce que c'est trop dur, personne n'a encore soulevé le drap. C'est Mathéo qui regarde le premier, accompagné par Bélinda qui l'y invite doucement. Je me demande si je dois m'interposer – *Est-ce qu'il faut que Mathéo voie... ça ?* – et puis je laisse faire l'infirmière. Après tout, c'est son travail, elle sait ce qu'elle fait. Et puis, il faudra bien qu'un jour ou l'autre, Mathéo voie Alexis comme il est devenu. Moi aussi d'ailleurs, mais je n'y suis pas prête. Alors, je scrute le visage de mon fils de dix ans, qui n'exprime rien d'autre que de la curiosité, et puis du soulagement quand Bélinda rabat le drap.

— Le pansement est propre, me glisse-t-elle.

Dans l'après-midi, maman sort nous acheter à manger et des affaires de toilette. Elle prend quelques vêtements pour moi également tandis que la sœur de Gaëtan achète à mon mari ce qu'il faut pour lui permettre de se changer.

Quand tout le monde est parti, je prends une douche enfin, laissant Gaëtan auprès d'Alexis. Mais le sommeil commence à manquer sans que je puisse fermer l'œil pour autant. Au moindre bip des machines, je sursaute, je panique…

Et puis, je ne veux pas laisser Alexis seul une seconde – toujours cette certitude qu'il faut que je reste pour que lui ne parte pas.

Dimanche 6 août 2017

L'état d'Alexis est toujours « stable », comme je dis moi aussi maintenant.

Dans la matinée, l'infirmière de garde nous propose de faire nous-mêmes la toilette d'Alexis. C'est la première fois depuis l'accident que je peux faire quelque chose pour mon fils. J'accepte avec plaisir et prends la bassine d'eau tiède et le gant de toilette qu'elle a préparés. Je lave tout doucement à l'eau savonneuse le haut du corps d'Alexis, en prenant garde de ne pas déranger les capteurs et perfusions. Mon cœur se serre en voyant combien notre fils est magnifique malgré l'accident. Je regrette que le gant ne soit pas plus doux. Je lave aussi sa jambe droite, mais suis toujours incapable de soulever le drap qui couvre sa jambe gauche. L'infirmière ne fait aucun commentaire. Elle termine la toilette d'Alexis, puis le change de côté afin qu'il ne se forme pas d'escarres.

Vers dix heures, Alexis est emmené au bloc opératoire pour le changement de pansement, qui doit être fait en environnement stérile. Gaëtan et moi, nous attendons dans la chambre le temps des soins. Bientôt, le chirurgien, accompagné d'une chirurgienne plasticienne, frappe à la porte. En prenant mille précautions, la femme nous explique qu'il n'est pas certain que le genou d'Alexis pourra être conservé.

— Le tissu musculaire – la peau, si vous voulez – n'était pas suffisant pour couvrir le restant du tibia et faire un beau moignon. Lorsque nos collègues ont opéré vendredi, ils ont malgré tout amputé Alexis sous le genou en pensant faire ensuite ce qu'on appelle une « couverture par lambeau », c'est-à-dire prélever de la peau sur la face interne de la cuisse d'Alexis pour recouvrir le moignon…

Je suis sous le choc. *Ce n'est donc pas terminé ? Est-ce qu'il va falloir tout recommencer depuis le début ?*

Le chirurgien vient à la rescousse de sa collègue :

— L'intérêt de cette opération, même si elle se fait en deux temps, est de permettre de conserver l'articulation, ce qui est très important pour la suite, vous vous en doutez : on appareille beaucoup plus facilement un membre qui a conservé son articulation. En tout cas, c'est ce qu'on a tenté de faire. Mais nous ne sommes pas certains ce matin que tout évolue comme prévu. Alexis va donc repartir au bloc pour qu'on étudie tout cela de plus près.

Cinq minutes après, Gaëtan et moi sommes de nouveau seuls dans la chambre d'hôpital. J'ai l'impression de vivre un retour en arrière dans un film que je ne connais que trop bien. C'en est trop. Je craque. Épuisée par les nuits sans sommeil et l'angoisse, je sanglote, sans larmes, dans les bras de Gaëtan.

Mon frère revient nous voir dans l'après-midi. Je suis touchée qu'il ait refait la route depuis Quimper avec mes deux petits. Alexis, toujours plongé dans le coma artificiel, a été ramené dans sa chambre. Maman et papa sont là aussi quand les chirurgiens reviennent nous voir. J'appréhende leur verdict et suis heureuse d'être entourée pour mieux pouvoir faire face. Mais rien n'est encore certain : le pansement sera refait mardi en présence d'une équipe orthopédique qui décidera de la meilleure solution à adopter pour Alexis. Je m'étais préparée au pire, mais le pire, j'en prends conscience maintenant, c'est cette incertitude dans laquelle nous sommes. *Alexis va-t-il pouvoir conserver son genou ? Va-t-il d'ailleurs se réveiller demain, comme nous l'ont dit les médecins ? Et si tout se passe comme prévu, ne va-t-on pas malgré tout découvrir d'autres séquelles de l'accident ?*

Je suis au bout du rouleau et décide de sortir un peu de la chambre pour « prendre l'air » dans le couloir avec Romain, qu'il faut occuper pendant que la famille se relaie au chevet d'Alexis. Mais ces moments avec mon tout petit garçon m'épuisent. Romain court partout, veut essayer tous les ascenseurs de l'hôpital, pousse des cris.

Ce matin, on nous a proposé de voir un psychologue. Je ne sais pas ce que je pourrais dire à un psy : tantôt tout se bouscule dans mon esprit, mots de rage, mots d'angoisse, images cauchemardesques de chairs mutilées et d'os brisés, mots aussi qui reviennent me déchirer – *On a ramassé des fragments d'os sur la route, Alexis va avoir une fausse jambe, Le tissu musculaire n'est pas suffisant* –, tantôt j'ai l'impression qu'aucune phrase que je pourrais dire ne peut exprimer ce que je ressens, et surtout que les mots ne servent plus à rien quand la douleur m'habite tout entière. Il est important que Mathéo puisse parler, lui, et ma maman aussi, qui ressent toujours une immense culpabilité.

Ce dimanche, Mathéo rencontre donc le psychologue de garde, un homme jeune qui me semble assez froid. Je l'accompagne à ce rendez-vous tandis que Gaëtan reste auprès d'Alexis. Au début un peu timide, il se met rapidement à parler. On m'a dit qu'il fallait qu'il « mette des mots sur sa colère », mais ce sont surtout les questions qui se bousculent. Pourquoi cette dame est-elle venue droit sur eux ? Pourquoi a-t-elle « pris la jambe » de son frère ? Pourquoi a-t-elle failli le tuer, lui ? Et pourquoi soutient-elle n'avoir vu qu'un chien, au milieu de la route ? En parlant de chien, Mathéo se met à pleurer. Je le prends sur mes genoux, j'ai mal au cœur à l'écouter, et je m'aperçois que je n'arrive pas à imaginer ce qu'ils ont pu vivre à ce moment-là.

Cet accident me paraît tellement surréaliste… Je sors du bureau du psy effondrée, et avec de nouveau cette impression de vivre un cauchemar éveillée.

Je retrouve Gaëtan, qui m'explique quelque chose à propos des urines d'Alexis – manifestement, il y a eu une alerte en mon absence. Nous sommes interrompus par un appel sur mon portable. Je décroche aussitôt, comme j'ai pris l'habitude de le faire depuis ces derniers jours. C'est la gendarmerie. Mon interlocuteur se présente : Yann L. M. Son nom ne me dit rien. C'est lui qui a été appelé sur les lieux le jour de l'accident. Souhaitons-nous déposer plainte ? Je mets la main sur l'émetteur et pose la question à Gaëtan, qui m'interroge des yeux :

— C'est la gendarmerie. Est-ce qu'on veut porter plainte ?

Nous échangeons un simple regard. Bien sûr que nous allons déposer plainte. Le gendarme me rassure : cela pourra être fait dans les jours qui viennent, il est inutile de faire la route aujourd'hui. Il me propose également de me donner le numéro de téléphone d'une personne qui a fait un garrot à Alexis sur le lieu de l'accident, ce qui a permis qu'il ne se vide pas de tout son sang.

L'infirmière du soir nous informe qu'Alexis va être réveillé petit à petit. Normalement, demain, pour son anniversaire, il devrait avoir repris connaissance.

Demain, Alexis va avoir douze ans, et je devrai lui annoncer qu'il a perdu sa jambe pour toujours. Comment pourrai-je le faire, si je ne suis même pas capable de voir la vérité en face ? Même pas capable de faire, comme le dit l'infirmière, *le deuil de la jambe de mon fils* ?

Alors, je me lève et je soulève le drap.

Lundi 7 août 2017

Gaëtan et moi, nous avons décidé de dormir un peu chacun notre tour. Il le faut : on ne pourra pas tenir sinon.

Alexis a été retransfusé pendant la nuit. Après ça, j'ai dû m'endormir, car vers six heures, Sabrina, l'infirmière, me réveille. Je sursaute. Ma première pensée est que c'est aujourd'hui l'anniversaire d'Alexis. Sabrina allume la veilleuse et me parle doucement :

— Il faut que vous veniez… Alexis est en train de se réveiller.

Déjà ? Je n'avais pas du tout imaginé les choses comme ça ; je pensais que j'aurais au moins eu le temps de me préparer, moi, et surtout de préparer mes mots. Nous n'avons même pas eu le temps de nous concerter, Gaëtan et moi, pour décider de la manière dont nous souhaitons lui annoncer les choses. Tout en enfilant un pull ample par-dessus mon tee-shirt froissé, je hausse les épaules. Comme s'il y avait *une bonne manière d'annoncer l'irréparable*...

J'entre dans sa chambre en courant. Gaëtan, les traits tirés, est assis près de lui, à la tête du lit. En effet, Alexis est déjà réveillé. Ses yeux grands ouverts, qui brillent, plus noirs que jamais, me fixent avec intensité. Il ne peut pas parler parce qu'il porte un masque sur le visage pour l'aider à respirer. Je m'approche, passe ma main dans ses cheveux emmêlés. Alexis peut communiquer grâce à une ardoise qu'on lui a fournie. Il s'en saisit et dessine un grand point d'interrogation.

Mon regard fuit celui de Gaëtan. J'ai eu beau tourner tous mes mots dans ma tête, je n'ai toujours aucune idée de ce qu'il faut dire. De ce que je voudrais dire.

C'est Sabrina, l'infirmière, qui parle la première :

— On est à l'hôpital, Alexis. Est-ce que tu te souviens de quelque chose ?

Alexis secoue la tête négativement.

Gaëtan poursuit :

— Tu as eu un grave accident. Vendredi dernier, pendant une promenade. Tu... tu étais avec Mathéo et mamie, et une voiture t'a écrasé la jambe.

Alexis ouvre de grands yeux. Manifestement, cela ne lui évoque rien. Il soulève une main, montre le cathéter, grimace.

— Tu as mal ?

J'ai parlé enfin, d'une voix rauque que je reconnais à peine. Alexis cligne des yeux en signe d'acquiescement. Je lui caresse le visage.

— Je suis désolée, Alexis, on ne peut pas retirer ce cathéter. C'est par là que passent tous les médicaments dont tu as besoin pour que ta… jambe ne s'infecte pas. Tu as été opéré. Tu as failli mourir, et papa et moi, on est très heureux que tu sois encore en vie.

Voilà, les mots viennent enfin. Douloureux, mais si simples, finalement. Gaëtan me regarde et me sourit pour m'encourager. Je lui fais signe de poursuivre. La suite… je ne peux pas.

— Maman a raison, enchaîne alors Gaëtan. Nous sommes très soulagés et très heureux que les médecins aient pu te sauver. Mais voilà, il faut qu'on te dise…

Sa voix se brise, mais il se reprend aussitôt, tandis que je fais tous mes efforts pour ne pas pleurer :

— L'accident a été très grave et a fait de gros dégâts. Tu as perdu ta jambe gauche. Elle a été écrasée. Le choc a été si violent que tu as perdu connaissance. Tu as été amené ici, à l'hôpital de Brest, en hélicoptère, et les médecins qui t'ont opéré n'ont pas pu faire autrement que de couper ta jambe qui était beaucoup trop abîmée.

Alexis pleure. La peur et la douleur que je lis dans ses yeux, sans pouvoir les apaiser, me sont insupportables. Tous les mots s'en sont allés. Je pleure, moi aussi, en caressant la main de mon fils de douze ans. J'entends que, dans son fauteuil, de l'autre côté du lit, Gaëtan se mouche. Quand je relève les yeux sur Alexis, je m'aperçois avec surprise qu'il s'est rendormi. Je vais faire quelques pas dans le couloir et avale un verre d'eau fraîche. J'appréhendais terriblement ce moment où nous allions devoir annoncer à Alexis la perte de sa jambe et… eh bien, voilà, c'est fait. Le plus dur est-il passé ?

Quand je rentre dans la chambre, Gaëtan semble assoupi. Alexis me cherche des yeux. Je suis surprise de ne lire dans les siens qu'une grande interrogation, là où je m'attendais à de la révolte, de la colère ou, au moins, de la tristesse. Quand il me tend l'ardoise sur laquelle il a dessiné, de nouveau, un point d'interrogation, j'ai l'impression qu'on m'arrache le cœur.

Pendant la matinée, Alexis se rendort régulièrement et, à chaque réveil, il faut tout lui réexpliquer : l'accident, et surtout la perte de sa jambe. Quelle souffrance !…

Vers onze heures, on toque à la porte de la chambre : une assistante sociale, qui nous explique que le Code du travail ne permet pas aux parents salariés de prendre un arrêt long en cas d'accident de leur enfant. Elle propose de nous aider à monter un dossier pour la Caf, afin de bénéficier de journées de présence parentale. Pour l'instant, j'ai posé deux semaines de vacances. Mais après ?

Un médecin passe en fin de matinée pour lui ôter le respirateur.

Ça y est, Alexis peut parler. En un murmure, il me réclame. Et puis :

— Mais c'est mon anniversaire, et je n'ai plus de jambe.

J'évite de croiser le regard de Gaëtan. Nous nous approchons tous les deux de lui et le tenons chacun par une main.

— Est-ce que je vais rester à cette taille-là pour toujours ? demande soudain Alexis.

Et puis, avant que nous ayons trouvé quoi que ce soit à répondre, ce constat :

— Je ne pourrai plus faire de vélo.

Bientôt, il se rendort, aidé par une piqûre de morphine. Mais le nouveau réveil une heure plus tard est pire encore. Alexis pleure, voit des araignées au plafond ou des mains derrière les carreaux…

— C'est pas un rêve, maman, c'est vrai ?

Et, quand on lui annonce la visite de son petit frère Romain en fin d'après-midi, ces phrases qui me bouleversent :

— Je vous demande pardon pour ce que j'ai fait. Je suis content quand même que ce ne soit pas arrivé à Mathéo ou à mamie.

Mardi 8 août 2017

Alexis repart au bloc avec deux poches de sang. On nous explique que si tout se passe bien, il quittera dans la journée le service de réanimation pour intégrer la chirurgie pédiatrique.

Retour d'Alexis dans la chambre deux heures plus tard, accompagné du docteur N.

— Il va falloir prendre aujourd'hui la décision pour la suite. Comme nous le craignions, les tissus ne répondent pas correctement.

À l'aide d'un schéma, le chirurgien nous explique les différentes solutions, avec pour chacune les risques encourus. Il nous parle en particulier de la possibilité de prendre son péroné de la jambe droite et de faire des greffes de peau du dos ensuite, sans nous cacher que les résultats de ce type d'intervention sont très incertains, et que l'appareillage est ensuite plus complexe. Gaëtan et moi nous concertons quelques instants. Ce sont surtout les multiples opérations que devrait alors subir Alexis qui nous inquiètent, alors qu'il est déjà si fragile.

La décision est prise : la nouvelle amputation, au-dessus du genou, se fera jeudi.

Les orthopédistes, deux jeunes femmes, déjà, nous parlent de la suite. Alexis devra passer plusieurs mois en centre de rééducation. Le plus proche de la maison est Kerpape, à Ploemeur, près de Lorient, à une heure de route de chez nous environ. Je regarde le site de l'établissement sur mon téléphone. Pour ce que j'en vois, le centre « de soins de suite et de réadaptation » me semble à mi-chemin entre un hôpital et un établissement scolaire. Ça semble vaste, c'est un bâtiment ancien, mais la partie réservée aux enfants et aux ados a l'air plus moderne. J'ai l'impression que c'est construit sur une sorte de campus très vert, ce qui me plaît.

— Depuis Kerpape, on voit la mer, souffle une des jeunes femmes en jetant un regard en coin à Alexis.

Et puis je découvre qu'il y a des salles de classe et je sais ce que cela signifie : Alexis va être scolarisé là-bas. Les larmes me montent aux yeux quand je comprends qu'Alexis ne va pas rentrer à la maison avant longtemps.

Un médecin m'explique que l'hôpital de Brest s'occupera de l'admission. À la vue des larmes qui brillent au coin de mes yeux, la jeune femme pose une main sur la mienne :

— Vous savez, aujourd'hui, il y a plein de personnes qui vivent avec des prothèses, et ça ne se voit même pas. Alexis pourra vivre comme n'importe qui, il pourra monter les escaliers et même refaire du vélo…

Son collègue enchaîne :

— Les prothèses ont beaucoup évolué. Et d'ici quelques années, les progrès seront certainement encore plus spectaculaires.

Je suppose que je devrais me réjouir à cette annonce, mais tout ce que je pense à ce moment-là, c'est qu'il va falloir dire à Alexis qu'il va subir une seconde amputation et perdre son genou cette fois-ci. Comment lui faire admettre quelque chose que je ne peux déjà pas accepter moi-même ? Et comme si ça ne suffisait pas, il va devoir quitter la maison. Pour combien de temps ? Je n'en sais rien et je ne veux pas même y penser.

Pour l'heure, même si Alexis est très faible – il mange très peu –, le changement de pansement s'est bien passé. Il est donc installé au sixième étage, en chirurgie pédiatrique. On quitte le service de réanimation, ce qui est déjà une petite victoire.

6
Début du reste de sa vie

Mercredi 9 août 2017

ALEXIS

Quand j'ouvre les yeux, papa est à côté de moi. Lui et maman se sont relayés toute la nuit à côté de mon lit. Je le sais parce que je me suis réveillé à plusieurs reprises cette nuit, et toujours l'un ou l'autre était là. Je dors mal, j'ai des douleurs épouvantables dans la jambe. Ma jambe qui n'est plus là.

Je fais un sourire à papa, qui a l'air épuisé. Il est pâle, pas rasé, mais me sourit en retour et passe sa main dans mes cheveux. Son téléphone vibre sur la table, il répond à un message, me dit que c'était tonton Sam qui prenait des nouvelles.

— Tout le monde s'inquiète pour toi, tu sais ?

Je ne réponds rien.

Alors, comme si ça le faisait penser à quelque chose, papa sort de l'armoire mon téléphone à moi, qu'il me tend.

— Tiens, sans doute qu'il te manque, celui-là, me dit-il avec un clin d'œil.

Et c'est vrai que d'habitude – *avant* –, je passais beaucoup de temps sur mon portable. Trop de temps, même, d'après mes parents. J'avais toujours quelque chose à dire à Kilian, une vidéo à partager avec Brian, des trucs comme ça. Mais là, je prends le téléphone que papa me tend et le pose aussitôt sur la table à côté de mon lit. Je n'ai même pas envie de l'allumer. Pour faire quoi ? Lire les messages de mes copains qui passent des super vacances ? Et leur raconter que je suis allongé sur un lit d'hôpital, avec une jambe en moins, et pas même la possibilité d'aller chier tout seul ? Parce que c'est ça qui me préoccupe depuis que je suis réveillé. Je me sens sale, poisseux. J'adorerais prendre un bain. Ou juste une douche. Et je ne peux pas bouger.

J'ai envie de hurler, tellement c'est injuste.

Papa me donne alors la télécommande de la télévision qui est là, juste au-dessus de mon lit. Une télé rien que pour moi. Quand j'y pense, il y a quelques jours, j'aurais trouvé que c'était le rêve. Aujourd'hui, je m'en fiche complètement. J'appuie quand même sur le bouton rouge pour l'allumer, parce que je vois bien que c'est ce que papa attend. Je zappe vaguement, tombe sur Gulli, la chaîne des petits. J'ai toujours trouvé que c'était une chaîne complètement naze.

Allons, va pour Gulli.

RÉJANE

Le service a mis un petit studio à notre disposition pour que nous puissions nous reposer un peu et jouir enfin d'un minimum d'intimité. Malgré les relais que nous avons pris dans le lit d'appoint, qui a été également installé pour nous dans la chambre d'Alexis, je suis un peu plus reposée ce matin.

Quand je retrouve Alexis et Gaëtan pour le petit déjeuner, je suis surprise : ils regardent un dessin animé sur Gulli. Je devrais me réjouir qu'Alexis se change les idées, mais le fait que ce soit cette chaîne-là qu'il ait choisie m'inquiète légèrement. Alexis l'a toujours eue en horreur, à la maison, il ne supportait même pas que Romain et Mathéo la regardent en sa présence. « Trop débile », disait-il.

Je ne dis rien, mais essaye d'accrocher le regard de Gaëtan qui hausse les sourcils et me fait signe de me taire. Tous les trois, sans rien dire, on regarde donc pendant quelques minutes un dessin animé assez laid. En jetant un coup d'œil à Alexis, je m'aperçois que son regard est ailleurs.

Je suis en train de tourner une phrase dans ma tête – il va bien falloir lui dire, pour la nouvelle opération demain – quand on frappe à la porte. Une auxiliaire de puériculture entre, portant une bassine et un nécessaire de toilette qu'elle me donne. Alexis a toujours été très pudique. Gaëtan m'aide à faire sa toilette, et même si Alexis ne fait aucune réflexion, on sent que ce moment est une épreuve de plus pour lui. Il se referme davantage.

Pendant ces soins, on s'aperçoit qu'il a des égratignures sur le front et sous le nez. Sa jambe droite est également tout égratignée et il a une escarre au talon. Pourtant, pendant ses deux jours de coma, on l'a changé régulièrement de position et on lui a fait des massages…

Plus tard dans la journée, Mathéo, toujours accompagné de Sam, vient nous rendre visite. Je suis soulagée de les voir arriver, car je compte sur leur venue pour faire retomber un peu la tension et aider Alexis à se changer les idées, mais malheureusement rien ne se passe comme je l'espérais. Alexis est toujours fermé, fuyant même. Quant à Mathéo, il craint tant de dire quelque chose qui pourrait blesser son frère qu'il semble avoir perdu toute spontanéité.

Inutile de tergiverser plus longtemps. Je prends mon courage à deux mains et m'approche du lit :

— Écoute… Il faut qu'on te dise quelque chose.

Alexis ne dit toujours rien. Je ne sais pas s'il attend la suite ou s'il s'agit d'une stratégie d'évitement. De toute façon, je dois aller jusqu'au bout : la nouvelle opération est prévue demain matin !

— Voilà, papa et moi, on a vu les médecins hier. On nous a expliqué que ça ne se passe pas exactement comme ils l'espéraient, pour ta jambe. Du coup, pour éviter des complications, il va falloir t'opérer de nouveau demain.

Alexis lève enfin les yeux vers moi, et moi, je cherche Gaëtan du regard en espérant qu'il poursuive. Mais je m'aperçois qu'il est sorti dans le couloir avec Mathéo afin d'éviter qu'il entende cet échange. Alors, je n'ai pas le choix. Il faut que je continue :

— Demain, le chirurgien qui s'est occupé de toi depuis le début va devoir t'amputer de nouveau. Au-dessus du genou cette fois.

Mon fils me regarde quelques secondes en silence, et puis, d'une voix étonnamment lasse :

— De toute façon, c'est comme ça, non ?

Jeudi 10 août 2017

À dix heures et demie, on vient chercher Alexis pour le conduire au bloc. L'opération doit durer entre une heure et une heure et demie. Pour Gaëtan et moi, l'attente est interminable. Nous sortons prendre l'air sans parvenir à nous rafraîchir pour autant, tournons en rond dans le studio et dans nos têtes.

Il est midi et demi passé quand les chirurgiens viennent enfin nous donner des nouvelles. Tous deux ont l'air grave, mais dégagent malgré tout une certaine sérénité. C'est le docteur N. qui prend la parole d'une voix douce :

— L'opération s'est déroulée comme prévu. Il n'y a eu aucune complication, et Alexis va bien.

Son collègue poursuit :

— Nous sommes certains que c'était la bonne décision. On peut raisonnablement penser que tout ira bien maintenant.

Gaëtan et moi, on se tient par la main, agrippés l'un à l'autre comme à une bouée de sauvetage. Je n'arrive pas à ressentir le moindre soulagement.

ALEXIS

Voilà, c'est fait. Plus de jambe, plus de genou. J'ai l'impression qu'on me grignote petit à petit. Que je vais disparaître morceau par morceau.

Quand on me ramène dans la chambre, papa et maman sont là. Même s'ils essayent de me le cacher, je vois bien qu'ils ont l'air tristes et fatigués. Ils me sourient dès qu'ils me voient, m'entourent et me disent plein de mots gentils et rassurants.

C'est alors que l'infirmière de service me demande si je veux « regarder ma jambe ». J'ai envie de lui hurler au visage. Mais je me contente de crier dans ma tête. *Ma jambe ? Quelle jambe ? T'as pas compris ou quoi ? Ben oui, j'aimerais bien la voir, figure-toi. Sauf que je n'en ai plus, de jambe, et c'est même pour ça que je suis là.*

Je fais juste non avec la tête et je ferme les yeux pour qu'on me laisse tranquille.

J'aimerais que tout ça s'arrête.

Vendredi 11 août 2017

RÉJANE

Ce matin, je me suis dit qu'il était temps que je prévienne quelques personnes avant que ça se sache à Sérent d'une manière ou d'une autre. Comme je me sens incapable d'appeler qui que ce soit sans craquer, je décide d'envoyer un message à Jessica, une copine de l'école et avec qui je fais du sport le jeudi soir.

Coucou, ça va ? Alexis a eu un accident le 4 août. Il s'est fait percuter par une voiture, on est à Brest, il a été amputé de la jambe gauche. Tu peux prévenir les autres, stp ? Mais je ne veux pas qu'on m'appelle, je ne suis pas capable de parler.

Alexis boit un peu, il accepte de grignoter – un yaourt, quelques biscuits. Je suis frappée ce matin pendant la toilette par sa maigreur. Tout en le shampooinant, je vois ses omoplates saillantes. Je ressens un pincement au cœur en voyant ses vertèbres pointer sous la peau. Malgré la douleur, malgré la colère, et surtout malgré la gêne, je voudrais faire en sorte que ce soit un bon moment pour Alexis. Alors, je dessine maladroitement quelques ronds sur son cuir chevelu, en une sorte de léger massage, comme fait la coiffeuse, pour le détendre un peu. Mais ma tentative est mal reçue. Sous mes doigts, il se raidit.

Le premier changement de pansement doit avoir lieu cet après-midi. Les infirmiers de l'étage n'ont pas caché qu'ils auraient préféré que ce soit fait sous anesthésie générale afin qu'Alexis ne souffre pas davantage, mais les médecins n'ont pas voulu, estimant qu'Alexis avait déjà eu bien assez d'anesthésies comme ça. Ce sera donc fait sous gaz hilarant.

Ne me sentant pas la force d'assister aux soins, je sors dans le couloir.

Lundi 14 août 2017

C'est curieux comme on s'habitue. Une sorte de routine s'est installée ici. Nous disposons depuis jeudi d'un studio à l'étage de chirurgie pédiatrie. Gaëtan et moi, nous avons décidé de faire un roulement : l'un se repose au studio pendant que l'autre ne dort que d'un œil sur le lit de camp installé près d'Alexis.

En fin de matinée, Gaëtan et Mathéo sont allés déposer plainte à la gendarmerie. Gaëtan pour Alexis, et Mathéo en son nom : il voulait absolument raconter ce qu'il avait vu et, après avoir un peu hésité, on s'est dit que c'était bien qu'il le fasse. Ma maman était allée déposer plainte le 9.

Cet après-midi, un inspecteur de notre assurance est venu à l'hôpital pour « constater le préjudice ». Après deux heures d'entretien avec nous, il est parti. Quelque chose ne nous a pas plu chez lui. Quelque chose d'indécis dans les manières et de flou dans le propos. Gaëtan en parle au téléphone avec sa famille et nous décidons de prendre un avocat pour représenter nos droits.

Une relation nous donne les coordonnées de maître Caty Richard, avocate à Pontoise. Gaëtan l'appellera dans la semaine.

On n'avait encore rien dit à Romain concernant l'amputation, car le soir il ne dort pas avec nous et on avait peur qu'il se retrouve seul avec plein de questions dans la tête. Je craignais également que cela lui occasionne des terreurs nocturnes et je voulais être là pour répondre à ses questions.

Cet après-midi, j'ai profité du fait qu'on était là, tous les cinq dans la chambre, pour prendre Romain sur mes genoux et lui parler :

— Tu sais, Romain, on est ici à l'hôpital parce que ton frère a eu un accident avec une voiture. Tu le sais, hein ?

Romain a hoché gravement la tête sans rien dire. Il a plissé les yeux, attendant la suite. J'ai poursuivi :

— Et alors… Eh bien, malheureusement, il a perdu sa jambe. Les médecins n'ont pas pu la lui réparer après le choc avec la voiture.

Alexis, avec un sourire à l'adresse de son petit frère, a soulevé le drap. Romain s'est levé, intrigué. Il a écarquillé ses grands yeux sombres et a tiré son frère par la main :

— La voiture t'a écrasé, Alexis ?

Gaëtan a voulu intervenir pour répondre à la place

d'Alexis en même temps que j'essayais de faire taire Romain. Mais notre petit dernier s'est tourné vers nous, a posé un doigt sur ses lèvres et, de sa petite voix fluette, a grondé :

— Je demande à Alexis, pas à vous !

Alexis a ri.

ALEXIS

« Grande victoire », comme dirait la psychologue qui a tenu à me voir deux fois et à laquelle je n'ai pas voulu parler : j'ai enfin pu prendre une douche.

Je suis partagé entre le soulagement et la rage. Je suis soulagé, c'est sûr, parce que ça fait quatre ou cinq jours que je rêvais de sentir l'eau fraîche sur mon corps. Mais surtout carrément enragé. Alors que je devrais être sur mon vélo, en train de nager avec Dédé et Mathéo ou sur la plage à promener Louna, je suis cloué sur mon lit avec pour seule occupation de manger et de prendre enfin une douche. Une douche « accompagnée », comme m'a expliqué l'infirmière. Comme un bébé, en somme. Sauf qu'un bébé, pour ce que j'en sais, est content de son sort. Et qu'un bébé ne souffre pas nuit et jour.

Voilà, je bous intérieurement et la douleur revient. C'est d'abord comme une brûlure qui envahit ma jambe absente et qui devient vite insupportable. Je sens mon pied absent comme écrasé. Je respire comme me l'a montré la psychologue. J'avais fait mine de n'en avoir rien à faire quand elle m'avait montré sa technique de respiration ridicule, censée aider à contrôler la douleur, mais je l'avais regardée faire quand même. Du coup, je me concentre et respire avec le ventre, calmement. J'essaie d'imaginer un endroit où je voudrais être. Une île déserte. Une plage pour Louna et moi.

Je me sens un tout petit peu mieux.

La psychologue m'a dit que les souvenirs de l'accident ne reviendront certainement jamais, ou peut-être dans des cauchemars. Il paraît que j'ai tellement souffert que mon cerveau a effacé ce moment.

Je respire encore comme Louna et j'essaie de penser à d'autres toutes petites victoires.

Samedi, je me suis mis debout pour la première fois avec la kiné. J'ai eu très mal et je me suis mis à transpirer. La kiné m'a expliqué que la douleur était due au sang qui affluait. Au bout de quelques secondes d'efforts, mon corps était couvert de sueur. Mais je m'étais mis debout.

Hier, je suis sorti pour la première fois depuis l'accident. Accompagné par papa et maman, cinq toutes petites minutes dehors au soleil dans le fauteuil roulant. J'ai senti la chaleur des rayons sur ma peau et ça m'a redonné l'impression d'être vivant.

Je serre les dents dans mon lit. Je fais le petit chien pour chasser la douleur, mais en fait ça ne marche pas. Je pense à maman, rentrée ce soir à la maison pour permettre à Mathéo et Romain de souffler un peu – ça fait dix jours que les garçons passent leurs journées à l'hôpital, quelles vacances pour eux !

Je pense à Louna sur la plage, à nos promenades dans les rayons du soleil couchant, à moi, seul sur mon île déserte, et je pleure.

7

Champions !

Vendredi 18 août 2017

RÉJANE

Quatre jours à la maison, quatre jours loin d'Alexis, mais la tête pleine de lui.

Sur la route entre Lorient et Brest, je dois me contrôler pour ne pas forcer sur l'accélérateur. J'ai hâte de retrouver mon « grand ». Hâte qu'il découvre la surprise qui l'attend.

Hier, ma sœur Charlène a envoyé un message à la cycliste professionnelle Audrey Cordon-Ragot par Facebook, lui racontant l'accident d'Alexis et lui demandant s'il était possible, pour lui remonter le moral, qu'elle récupère pour lui quelques autographes de cyclistes pros. C'était juste une idée comme ça, qui lui a traversé l'esprit parce qu'Audrey est originaire de Pontivy, tout près de chez nous. Mais pour Alexis et ses copains du club, la jeune cycliste représente bien plus que ça : c'est un modèle, une idole.

Mais voilà : Audrey a mis le mot de ma sœur sur sa page Facebook et les nombreux messages de soutien ont commencé à arriver.

Il est dix-neuf heures trente quand je retrouve Alexis dans sa chambre après avoir déposé Mathéo et Romain à notre nouveau « campement » – un appartement à dix minutes de l'hôpital que le papa de ma belle-sœur a gentiment mis à notre disposition. Comme ça, on pourra garder les garçons avec nous et alterner nos nuits près d'Alexis.

J'entrouvre la porte. Alexis est allongé sur le lit, le drap remonté jusqu'à la taille. Il est pâle, a les traits tirés. Je le trouve amaigri et un coup d'œil au graphique au pied de son lit confirme ce sentiment : Alexis est passé de 43 à 38 kilos.

Il sourit pour m'accueillir, mais je vois que le cœur n'y est pas.

— Ça va, mon grand ? Je suis tellement contente de te revoir. Tu m'as manqué.

Mais Alexis est fatigué, il en a marre. Marre de souffrir, marre de ne rien pouvoir faire tout seul. Marre de ne pas pouvoir sortir – et j'ai soudain presque honte de cette odeur d'été et de soleil que je transporte. Que répondre ? Que dire ? J'embrasse son front couvert de sueur – l'air, dans la chambre, est suffocant – et sors la tablette de mon sac. Il me regarde, interloqué, la connecter au réseau wi-fi de l'hôpital. Quand je lui tends la tablette, il ouvre tout grand les yeux et la bouche, comme il le fait tout le temps quand il est surpris.

Je m'installe derrière lui et lis par-dessus son épaule le message rédigé hier matin par Audrey Cordon-Ragot :

À tous mes supporters et amis, veuillez, s'il vous plaît, prendre le temps de lire ce message et peut-être d'y répondre positivement. Je connais personnellement cette famille depuis que j'ai commencé moi-même le cyclisme et je suis très peinée pour ce petit garçon et sa famille. Merci à tous.

Alexis m'interroge du regard. Il a du mal à comprendre de quoi il retourne. Sans rien répondre, je fais défiler l'écran pour qu'il lise la suite. Le message que sa tante a posté apparaît :

Bonjour. Je remercie par avance tous ceux qui prendront le temps de lire mon message. Voilà, il y a bientôt 15 jours, une voiture a percuté mon neveu Alexis.
Alexis était un vrai sportif, il avait le sens de la compétition et rêvait de devenir cycliste de haut niveau. Il travaille dur à l'école, espérant entrer en sport-études et poursuivre sa passion.
Malheureusement, de cet accident, il n'est pas sorti indemne : Alexis a perdu sa jambe.
Imaginez : le jour de vos 12 ans, apprendre que vous ne pourrez pas réaliser vos rêves…
Mais c'est un battant. Un vrai champion, avec un moral d'acier. Alors, pour lui remonter le moral, pour qu'il ait la force de croire en ses rêves (différemment), j'aimerais récolter plusieurs messages de soutien de vous, cyclistes.

Ce soir, Mathéo n'est pas là pour lui crier qu'il ressemble à un poisson hors de l'eau. Pourtant, quand je lui montre le nombre de *likes* et lui tends la tablette pour qu'il puisse lire les messages de soutien qui affluent sous la photo que Charlène a postée de lui, Alexis n'a toujours pas refermé la bouche.

Lundi 21 août 2017

ALEXIS

Je n'en peux plus d'être ici. Toutes les journées se ressemblent : trop chaudes, trop lentes, trop tristes. Même les plateaux-repas sont identiques. Le poulet a le même goût que le jambon, qui a l'odeur du poisson. Le pain a la même texture que le fromage spongieux, et les yaourts ont goût de banane, invariablement. Le tout baigne dans un mélange d'odeur de vaisselle sale et de détergent. C'est écœurant, mais de toute façon je n'ai pas faim. Pas même pour les barres vitaminées ou les sucreries que maman, qui lance tous les matins un regard inquiet à la courbe de poids affichée au pied de mon lit, souhaite tant me voir avaler.

Même « promenade » aussi hier et aujourd'hui. Un bien grand mot pour désigner cinq minutes de sortie dans la cour en fauteuil roulant.

Finalement, la seule chose qui change d'une journée sur l'autre, ce sont les douleurs. Et les médicaments qu'on me donne pour lutter contre n'y font rien. Parce que les médicaments soignent les corps vivants, pas les membres amputés. Et c'est ma jambe disparue qui me fait mal. Les médecins appellent ça des « douleurs du membre fantôme », et il n'y a pas de médicament pour éloigner les fantômes. Alors, elles sont là, du matin au soir. La nuit, je dors, mais j'ai mal.

Enfin, depuis hier, il y a une nouveauté. Mon pied (mon pied vivant, cette fois) me gratte. Des rougeurs, des démangeaisons. Et puis ce matin, en me réveillant, les boutons s'étaient étendus sur tout mon corps. Une réaction allergique à un médicament, a dit le docteur qui est passé faire la visite ce matin. Mais lequel ? J'en prends tellement…

La kiné est venue tout à l'heure pour me faire « marcher ». Ce qui signifie que j'ai fait l'équilibriste dans le couloir en sautillant avec une paire de béquilles. Beaucoup d'efforts et mal partout après ça ; du coup, je me suis recouché. Maman parle de sortir prendre l'air, insiste, prétend que ça me ferait du bien. Mathéo en rajoute :

— Allez, Alexis, tu vas pas rester enfermé toute la journée, non ?

J'ai bien compris que c'est surtout lui qui ne supporte plus de tourner en rond entre quatre murs. Je l'entends depuis ce matin qui pousse des soupirs, et quand je le regarde il fait mine de bouder dans son coin. J'y crois pas, qu'il ose se plaindre ! En tout cas, moi, je ne veux plus bouger. Ça suffit comme ça pour aujourd'hui. Qu'ils aillent faire un tour sur leurs deux jambes si ça leur chante.

***

Quand tout le monde est parti, je sors mon téléphone et me connecte au compte Facebook de Charlène. Elle m'a donné son identifiant et son mot de passe pour que je puisse suivre en direct les réactions au message qu'elle a posté. J'ai un peu de mal à comprendre tout cet engouement, mais je dois avouer que ces encouragements me font du bien. La famille, les amis, mais aussi plein de gens inconnus postent des commentaires. On voit des smileys qui pleurent et d'autres qui rient, plein de pouces en l'air aussi pour me souhaiter d'avoir du courage. Je vois aussi des mots de copains du club de cyclisme : « Alexis, on est tous avec toi », « Plein de courage au champion de notre club de l'UCPJ », « On ne t'oublie pas, Alexis ». Et puis des posts de cyclistes aussi. Certains que je ne connais pas, d'autres dont les noms me sont familiers, par exemple… J'y crois pas ! Warren Barguil ! Warren Barguil, Wawa, qui a remporté deux étapes du Tour cet été, dont celle du 14 juillet, vient de m'envoyer un mot. Incroyable ! Je le relis dix fois :

Alexis, n'oublie jamais que tu es un champion. Un battant ! Tu as le vélo dans la peau, et ça, ça, c'est pour toujours. Reçois tous mes encouragements en ces moments difficiles et garde le moral.

Warren Barguil… Ce sportif est un peu mon idole. Il faut dire qu'il est originaire du Morbihan, comme moi. Presque un voisin, quoi ! Je ne l'ai jamais rencontré en personne, mais j'aimerais bien. Il a l'air tellement sympa… En juillet, on a suivi ses exploits à la télé, Mathéo et moi, surtout l'étape du col de l'Izoard qu'il a remportée et qui lui a ensuite valu le maillot à pois. Bref, LE Warren Barguil pense à moi, et d'un coup, je me sens plus léger.

Je suis en train de regarder sur YouTube l'arrivée au col, le 21 juillet, Wawa qui rabote le précédent record de l'ascension de deux minutes – dingue ! –, quand on frappe à la porte de ma chambre. Je ne réponds rien, parce que je sais que c'est juste une façon qu'ont les médecins et les infirmières de prévenir qu'ils vont entrer. Personne n'attend que je donne mon autorisation pour pénétrer dans ma chambre. Mais on retoque. Deux petits coups. Je lève le nez de mon téléphone :

— Oui ? Entrez !

La porte s'ouvre sur une jeune femme aux cheveux châtains coupés court. Des lunettes à la monture noire lui donnent un air sérieux et elle affiche un grand sourire. Je la détaille de haut en bas, note son survêtement et ses baskets qui contrastent avec ses lunettes. J'ai beau me creuser la tête, son visage ne me dit rien. Se serait-elle trompée de chambre ? Mais elle n'a pas l'air surprise de me voir et pénètre dans la pièce en refermant la porte derrière elle.

— Alexis ? me demande-t-elle en faisant un pas vers moi.

— Euh… Oui.

Je serre la main ferme qu'elle me tend, tellement surpris que j'en oublie de refermer la bouche. Quelque chose en elle m'est familier. Sa façon de sourire ? De marcher ?

— Je m'appelle Katell Alençon. Mon nom ne te dit rien, mais j'ai vu passer le post d'Audrey Cordon-Ragot sur Facebook et… j'ai pensé que je pouvais te rendre visite. Je suis cycliste, moi aussi, ajoute-t-elle en dévoilant le maillot de l'équipe de France qu'elle porte sous sa veste de survêtement.

Je contemple cette petite femme vive et gaie, à la démarche assurée, et lui fais un grand sourire. Les cyclistes, on est un peu comme une grande famille. Je suis quand même surpris qu'elle soit venue jusqu'à moi, comme ça, mais content parce qu'elle a l'air très sympa, et que ça me fait du bien de voir une nouvelle tête. Et puis mes yeux accrochent les trois papillons qu'elle arbore sur la poitrine. C'est le logo handisport ? Katell a suivi mon regard et sourit.

— Tu connais ce logo ? C'est celui des équipes handisport. Tu sais, les équipes composées de personnes qui ont un handicap. Tu en as peut-être entendu parler ?

Bien sûr que j'en ai entendu parler. J'ai même déjà vu à la télé des morceaux d'un match de tennis en fauteuil roulant. C'était impressionnant. Je l'avais regardé avec Mathéo, et on avait été soufflés par la performance des sportifs. Un peu gênés aussi. Mais bon, le handisport, c'est réservé aux personnes handicapées, non ? Qu'est-ce que cette jeune femme dynamique a à voir avec ça ?

Comme si elle avait suivi le cheminement de ma pensée, ma visiteuse me fait un clin d'œil et soulève légèrement la jambe droite de son survêtement, dévoilant… une jambe en métal. Ça alors ! Katell, qui a vu la stupeur se peindre sur mon visage, se met à rire. J'aime bien la façon dont elle rigole. Un rire clair, communicatif. Si bien que je me mets à rire aussi.

— Eh oui. Une prothèse, dit-elle en ouvrant les bras.

Plein de questions se bousculent dans ma tête. Évidemment, j'ai envie de savoir ce qui lui est arrivé, mais Katell commence par la fin :

— En ce moment, je m'entraîne en vue des JO de 2020 à Tokyo. L'été dernier, j'étais à Rio avec l'équipe de France. C'était incroyable pour moi, d'être là. Même si je n'ai pas fait un aussi bon chrono que ce que j'espérais – j'ai fini neuvième –, c'étaient des moments magnifiques.

Elle m'explique ses entraînements avec l'équipe de France, son quotidien au sein de l'équipe Cofidis, les stages avec l'équipe professionnelle en Espagne. J'ai l'impression d'un tourbillon. Mais quelque chose me gêne quand même :

— Du coup, vous ne faites plus du sport qu'avec d'autres…

— … handicapés ?

Elle rit encore.

— Ah ! mais non, pas du tout ! D'abord, quand je ne roule pas, je fais du ski, de l'escalade, et puis il y a les sorties à vélo avec mes frères et mon filleul. Il a ton âge à peu près, et je suis ravie de lui transmettre ma passion. Sinon, je suis toujours bénévole dans mon club valide, du côté de Brest ! J'entraîne des gars comme toi, ajoute-t-elle avec un grand sourire.

— Et… les sorties en club… comment ça se passe ?

— En fait, c'est avec les valides que je fais toujours bon nombre de mes entraînements. C'est important pour moi, de retrouver mes amies. Avec les filles, ça se passe au top. On se défie, tu vois, mais sans mauvais esprit. Il y a une super ambiance dans le peloton. Elles m'aident à me dépasser. Par contre, c'est parfois plus compliqué avec les garçons. Je suppose que certains sont assez vexés d'être challengés par une fille, handicapée en plus, t'imagines !

J'aime bien cette fille, elle est marrante, et tellement franche dans sa façon de parler ! Je m'assieds sur le bord de mon lit. Ça dévoile mon pansement, mais elle ne le regarde pas. Comme si ça n'avait pas d'importance pour elle. Elle s'assied à côté de moi et me parle plus doucement.

— Pour moi aussi, c'était un accident. Un truc bête, une chute de vélo à l'âge de vingt ans. C'était il y a dix ans. Rien de grave au départ, une entorse de la cheville. Et puis, ça s'est compliqué. Au bout de quelques semaines, je ne pouvais plus poser le pied par terre. Mon pied était tout déformé et commençait à mourir. J'ai tenu cinq ans. Cinq ans de soins, d'opérations, de rééducation. Jusqu'à ce jour où un médecin m'a donné le choix : vivre avec ces souffrances au quotidien ou bien me faire amputer.

Waouh ! Je suis choqué. Katell a *choisi* de se faire amputer ?

— Ce choix, je ne l'ai jamais regretté. Après cinq ans de galère, je me suis sentie libérée. Ce n'était pas seulement revivre, mais comme… renaître. Parce que cette opération m'a ouvert des horizons insoupçonnés. En tout cas, des horizons que j'avais perdus de vue depuis toutes ces souffrances.

***

Dans mon lit, les yeux fermés, sous le maillot de l'équipe de France que la championne m'a offert en partant et que j'ai punaisé au mur, je pense à Warren Barguil, au Tourmalet, à Katell, à son vélo et à sa prothèse, à Audrey Cordon-Ragot et à tous ceux qui croient en moi. Je pense à la journée de demain, où doit avoir lieu mon « transfert » pour le centre de rééducation de Kerpape. Le premier transfert de ma carrière !

8

Chambre
avec vue sur mer

Mardi 22 août 2017

ALEXIS

Ce soir, en regardant le soleil se coucher sur la mer, je pense que, voilà, j'ai enfin ce dont j'avais toujours rêvé : une chambre avec vue sur mer. Une grande chambre en plus, et pour moi tout seul, s'il vous plaît. Le grand luxe, quoi. Sauf que bien sûr, dans mes rêves, ça ne se passait pas exactement comme ça. En particulier, je n'avais pas cette boule dans le ventre et cette autre boule qui monte dans ma gorge, comme si j'allais pleurer. Peut-être parce que dans mes rêves, je ne regardais pas la mer assis dans un fauteuil roulant.

Tout est allé très vite aujourd'hui et je me sens un peu perdu. Ce matin, au réveil, j'étais tendu et le changement de pansement a été douloureux. Et puis tout d'un coup, fini l'hôpital. J'ai à peine eu le temps de dire au revoir aux infirmières et aux auxiliaires de puériculture qui s'étaient occupées de moi pendant quinze jours ; déjà, on me faisait monter dans une ambulance et hop ! c'était parti. Je n'ai pas regardé en arrière pour ne pas pleurer. C'est bête, non, de s'attacher comme ça à des gens que je ne reverrai jamais et à des lieux dont on ne peut pourtant pas dire qu'ils sont reliés à de bons souvenirs ? Alors que je n'attendais que ça, depuis des jours et des nuits – sortir, quitter cette chambre sinistre, voir le ciel et le soleil, sentir l'odeur de la mer –, j'ai eu l'impression qu'on m'arrachait d'un cocon. D'être jeté dehors sans protection.

Les douleurs du membre fantôme ne me quittent pas. Je croyais que je commençais à m'y habituer, mais les vibrations sur la route les ont rendues insupportables. Le médicament qu'on me donne ne fait pas grand-chose. Bon, ce serait sans doute pire si je ne le prenais pas… Heureusement, papa était là, dans l'ambulance avec moi. Maman suivait en voiture, avec Romain et Mathéo. Le trajet m'a semblé à la fois interminable et beaucoup trop court : en moins de deux heures, on était à Kerpape. Je n'avais pas compris que ce serait si grand. En fait, je me suis aperçu en arrivant que j'avais imaginé quelque chose de complètement différent. Une sorte de centre de vacances adapté pour enfants accidentés de la route. Mais ce n'est pas du tout ça. D'abord, c'est immense, beaucoup plus comme un hôpital que comme une école ou un centre aéré ! Ensuite, quand l'ambulance s'est garée sur le parking, j'ai aperçu des personnes en fauteuil roulant qui montaient dans une camionnette adaptée. Et ça m'a fait un choc. Parce qu'il y a ici des gens de tous les âges. Pas que des enfants, mais aussi des adultes et même des vieux. Et puis… eh bien, j'avais imaginé des *accidentés*, pas des *handicapés* ! Et là, quand j'ai vu tous ces gens en fauteuil, certains sanglés pour ne pas tomber, d'autres avec des cale-têtes… ça m'a fait peur. J'aurais peut-être dû avoir une réaction complètement différente, par exemple ressentir de la pitié pour tous ces gens qui ont eu moins de chance que moi dans la vie. Ou au moins me dire un truc du style : waouuuh ! je l'ai échappé belle, je m'en tire bien, finalement, avec ma jambe en moins ! Mais j'ai eu l'impression au contraire qu'en arrivant ici, j'étais projeté dans ce monde-là. Que c'était le mien maintenant.

Après, on a visité la partie du centre qui est réservée aux enfants et aux ados, et qui ressemble exactement à ce qu'on peut imaginer de ce genre de lieu. L'espace s'ouvre sur une salle commune réservée aux « activités manuelles », avec une bibliothèque pleine de livres et de jeux. Puis, le bureau des éducatrices et celui des infirmiers. On longe ensuite un grand couloir qui dessert une enfilade de chambres, à droite et à gauche. Tout au bout, c'est le réfectoire, qui ressemble à n'importe quelle cantine en plus petit, et avec moins de chaises autour des tables. Je comprends bien ce que ça signifie : que la plupart des types qui viennent manger ici se déplacent comme moi : en fauteuil roulant. On aperçoit un baby-foot et une salle télé. Une pièce est réservée aux familles, on y trouve une table, de la vaisselle, un micro-ondes, une bouilloire et une cafetière – bref, le nécessaire pour que les familles en visite puissent venir manger avec leur enfant. Je n'aime pas trop l'odeur qui flotte dans cette pièce que je trouve froide et impersonnelle, malgré les efforts pour rendre le lieu convivial. Bah, de toute façon, on ne va pas trop s'en servir pour le moment : maman m'a déjà dit qu'on irait faire des pique-niques, et ça me va bien. J'ai tellement envie de soleil et de grand air après tout ce temps passé enfermé !

En tout cas, tout le personnel a été très sympa avec moi. On a croisé quelques enfants, mais pas beaucoup. J'ai trouvé ça un peu bizarre, ces lieux presque vides, surtout quand on est arrivés au réfectoire, une très grande pièce séparée en deux. Mais la personne qui nous faisait visiter nous a expliqué que c'étaient les vacances, et donc qu'il y avait moins d'enfants que d'habitude, ce que j'ai trouvé rassurant : ça voulait dire qu'on allait être assez nombreux, un peu comme dans une classe, et surtout qu'on pouvait rentrer chez soi pour les vacances. Et aussi, que les types avec lesquels j'allais me retrouver étaient en suffisamment bon état pour rentrer chez eux de temps en temps ! Moi, je mangerai dans le réfectoire des « petits », ce que je préfère, parce que j'aurais été mal à l'aise avec les grands (plus de quatorze ans).

Bref. J'ai donc pris mon premier dîner ici, avec les autres, c'est-à-dire ceux qui ne sont pas en vacances. Sans surprise, la nourriture qu'on nous a servie ressemblait à celle de l'hôpital. Et sans surprise, je n'ai adressé la parole à personne, ou presque. Je me sentais mal à l'aise au milieu de ces enfants handicapés, dont certains ont même du mal à manger tout seuls tandis que d'autres ont l'air de ne pas pouvoir parler – j'en ai remarqué un qui s'exprime en poussant des petits cris, ce qui m'a dérangé. J'ai même trouvé ça un peu inquiétant. Je n'étais pas à ma place. Pas assez handicapé. Trop… trop vivant ! J'ai quand même remarqué un garçon de mon âge, qui m'a semblé sympa.

En fait, il s'est passé un truc qui m'a semblé un peu bizarre au début, mais que maintenant j'interprète comme un signe positif. Ma tante Sabrina, la sœur de papa, est venue nous rejoindre cet après-midi. On se promenait un peu dans le parc, et voilà qu'on a croisé des gens qu'elle connaissait vaguement, une famille en visite, qui accompagnait ce garçon en fauteuil. Sans me demander mon avis, Sabrina est allée leur parler et, du coup, on a fait un peu connaissance. Aurélien n'a qu'un an de plus que moi et il vient lui aussi d'arriver ici. Mais lui est en fauteuil depuis longtemps. Il est paraplégique, ce qui signifie qu'il ne peut plus marcher et ne pourra jamais plus tenir sur ses deux jambes. Pas question de prothèses et de rééducation pour lui ! Il est venu ici pour apprendre à se débrouiller tout seul dans la vie quotidienne avec son fauteuil. Je me souviens d'avoir vu une fois une vidéo qui montrait un mec en fauteuil en train de descendre un escalier interminable, style Montmartre, en équilibre sur ses roues arrière. Eh bien, c'est exactement à ce genre de chose que j'ai pensé en voyant Aurélien très à l'aise dans son fauteuil, parlant et se déplaçant comme s'il faisait partie de lui. Comme si utiliser quatre roues était juste une façon différente de se mouvoir. En observant du coin de l'œil ce garçon aux cheveux châtains très courts, j'ai noté qu'il avait des dents devant qui n'avaient pas fini de pousser. Ça lui donne l'air plus jeune qu'il n'est en réalité, et je l'ai trouvé tout de suite sympathique. Aurélien. En plus, j'aime bien ce prénom.

À partir de demain, je devrai prendre au moins un repas par jour dans ce réfectoire. Pour m'habituer, il paraît. Comme si on pouvait s'habituer. Comme si je *voulais* m'habituer ! Maman, qui restera ici les trois prochaines nuits, m'a rassuré ce soir : les autres repas, on les prendra dehors. On ira faire des pique-niques.

***

C'est ma première nuit tout seul depuis l'accident.

C'est pourtant une chambre faite pour deux, dans laquelle tout est en double : deux lits, deux armoires, deux chaises, deux bureaux. Mais une seule fenêtre. Pas de chance, le lit qui m'a été attribué se trouve côté porte. Étant donné que je suis tout seul dans cette grande chambre, j'ai demandé à changer de coin en prétextant que ce serait plus simple pour moi : les lavabos sont de ce côté. C'est surtout que depuis le second lit, on voit la mer. La porte-fenêtre donne sur une petite terrasse privée depuis laquelle on entend même le bruit des vagues et du ressac.

Maman a demandé si elle pouvait partager ma chambre. Ça m'aurait rassuré de l'avoir auprès de moi pour la nuit, mais visiblement, ce n'était pas prévu comme ça. On lui a donné une chambre à l'étage : il paraît que ce n'est pas en dormant avec ma mère que je vais *m'habituer*.

Jeudi 24 août 2017

RÉJANE

Il y a quelques jours, mon amie Karine, avec deux autres copines, a eu l'idée de lancer une cagnotte sur Internet. J'ai d'abord trouvé ça curieux, cette histoire de cagnotte. Alexis est bien soigné, et tout l'argent du monde ne lui rendra pas sa jambe. Mais Gaëtan et moi, on a donné notre accord, en se disant qu'il y aurait sans doute des frais, et puis que c'était aussi une forme d'encouragements à laquelle Alexis pouvait être sensible. Sous le titre « Tous solidaire avec Alexis et sa famille », la cagnotte expliquait l'accident dont Alexis avait été victime et proposait aux gens de se cotiser afin de nous aider à prendre en charge les frais occasionnés.

À vrai dire, jusqu'à ce matin, on avait été trop bousculés pour réfléchir à l'aspect financier de l'accident. Par exemple, combien va nous coûter le séjour d'Alexis ici, à Kerpape ? Quel est le prix d'une prothèse ? Est-ce que la sécurité sociale, ou bien notre mutuelle, va prendre ces frais en charge ? Ou encore l'assurance de la dame qui a causé l'accident ? Je ne connais rien à toutes ces questions et n'ai jamais lu le moindre contrat d'assurance en entier, mais ce matin, je me réveille avec des sueurs froides. On travaille tous les deux, Gaëtan et moi, mais les fins de mois sont souvent un peu justes. Va-t-on pouvoir offrir le meilleur à Alexis, je veux dire, la meilleure rééducation possible, une prothèse qui ne lui fasse pas mal ni honte, une « belle » prothèse, quoi ? J'ai aussi entendu parler de ces prothèses en titane et en fibre de carbone que portent les sportifs. Je me doute que tout cela doit être fabriqué sur mesure et valoir une fortune. Sans compter qu'Alexis va grandir et sa prothèse, pas.

Ce matin, justement, on a rendez-vous avec l'orthoprothésiste de Kerpape. Hier, j'ai aidé Alexis à se doucher, mais aujourd'hui, je laisse faire le personnel soignant. Ça me fait mal au cœur, mais… comme on dit ici (ça semble être le slogan de la maison !), il faut qu'Alexis s'habitue : bientôt, je ne serai plus là près de lui.

L'orthoprothésiste, un homme d'une quarantaine d'années, grand, très jovial, se montre très direct. Pas le genre à tourner autour du pot. Après nous avoir expliqué le fonctionnement d'une prothèse – le manchon qui se déroule sur le moignon pour le protéger et assurer le maintien de la prothèse, l'emboîture dans laquelle on vient poser le manchon, le « genou », le tube et le « pied » –, il aborde très vite la question des prix. Et je découvre, ahurie, que le top du top coûte plus de cent mille euros. Bien sûr, il n'est pas envisageable qu'on achète ce genre de chose.

— Mais… pour une prothèse toute simple ?

— Avec un manchon premier prix et une esthétique non travaillée, il faut quand même compter environ quinze mille euros.

— Quinze mille euros ?

Waoouuuuh ! Je ne m'attendais pas du tout à ça.

— Et… c'est remboursé ? Une partie au moins ?

Ma voix a tremblé, ce qui n'a pas échappé à Alexis qui me jette un rapide coup d'œil. L'orthoprothésiste aussi s'en est aperçu.

— Ne vous inquiétez pas, la sécurité sociale prend en charge une prothèse tous les cinq ans. La plus simple, bien sûr. Mais votre mutuelle aussi pourra sans doute aider. Et puis il y a l'assurance…

L'assurance ? Quand je pense aux papiers qu'il faut fournir pour un simple dégât des eaux, je n'ose pas imaginer ce que ça sera pour une prothèse ! Je hausse les épaules, mais mon interlocuteur insiste :

— Oui, l'assurance. En fait, votre avocate va contacter l'assurance de la partie adverse, et une somme vous sera proposée. Bien sûr, l'argent ne viendra pas compenser la perte et le traumatisme qu'a subis Alexis, mais il vous faudra faire très attention à la somme que vous accepterez, car, vous l'avez compris, les prothèses coûtent très cher.

Bon, on verra : comme on dit, un homme averti en vaut deux et je suis reconnaissante à cet homme de sa mise en garde. Pour l'heure, c'est surtout un autre détail qui me préoccupe.

— Vous venez bien de dire qu'Alexis aurait droit à une prothèse tous les… cinq ans ?

— C'est exact.

— Mais Alexis aura dix-sept ans dans cinq ans. Ce sera presque un homme. Il ne va pas rester avec une jambe de… une jambe d'enfant tout ce temps !

L'homme sourit et reprend le schéma qu'il avait esquissé. Il pointe la partie intermédiaire sur son dessin, l'endroit qui correspond normalement au tibia :

— Vous voyez ? Le tube, là. Ce qu'on appelle dans notre jargon l'« élément de jonction » ? Eh bien, il s'adapte en hauteur.

Alexis, qui se tenait jusque-là en retrait, s'est redressé dans son fauteuil. Il a toujours été fasciné par la technique, et là, il ne peut pas résister.

— Vous voulez dire que ma prothèse va grandir avec moi, en quelque sorte ?

— Oui, c'est exactement ça. Elle va grandir avec toi. Tu verras, très vite, elle fera si bien partie de toi que tu ne la sentiras presque plus.

Alexis saisit une prothèse miniature sur le bureau et la fait jouer entre ses doigts. Il sourit. Mais autre chose m'inquiète :

— Alexis est très sportif, vous savez. Il faisait du judo, et surtout du vélo… Je sais qu'il existe des appareillages spécialement conçus pour les sportifs…

— Oui, bien sûr, certains athlètes réalisent d'ailleurs des performances incroyables. Vous avez entendu parler d'Oscar Pistorius, je suppose, ou d'autres comme lui qui courent le 100 mètres en moins de 11 secondes.

Alexis prend la parole :

— Depuis deux ans, c'est Jerry Wallace qui détient le record du monde du 100 mètres handisport. En 10 secondes et 71 centièmes.

— Tu as raison. C'est bien la preuve que la prothèse a fait des progrès révolutionnaires. Mais je dois vous dire que… malheureusement, à l'heure actuelle, aucune prothèse pour sportif n'est remboursée par la sécurité sociale.

Alexis repose la miniprothèse sur le bureau et se renfonce dans son fauteuil en silence. C'est alors que je repense à la cagnotte de Karine. À combien se monte-t-elle aujourd'hui, une semaine après son lancement ? Je n'en ai aucune idée.

***

Après cette rencontre, qui a fait naître plus de questions qu'elle n'en a résolu, je me sens un peu secouée. Je viens de comprendre qu'on n'est qu'au tout début d'un long, très long parcours. Je vois devant moi comme un labyrinthe de chemins enchevêtrés – les soins, l'aspect administratif, le côté financier, l'organisation familiale – qu'il nous faudra tous parcourir en même temps afin de parvenir enfin à la case arrivée. Mais qu'y a-t-il exactement dans cette case ? À quoi va ressembler la vie d'Alexis, et la nôtre, au bout du compte ? Que m'est-il permis d'espérer raisonnablement ? Et sur ce parcours, quels sont les obstacles à éviter, les embûches dont nous devons nous méfier ?

J'ai envie de pleurer, et le soleil qui me surprend en sortant du bureau m'offre une occasion toute trouvée de chausser mes lunettes noires pour cacher mes yeux humides au regard d'Alexis. Lequel, de toute façon, ne semble pas avoir perçu mon trouble, tout heureux qu'il est à l'idée de ce pique-nique au bord de la mer que je lui ai promis et qu'il attend depuis si longtemps.

Nos sacs avec nos sandwichs sont déjà prêts et nous partons tout de suite. Alexis fonce sur le chemin et je souris à sa joie toute simple : le centre lui a prêté un tricycle adapté, ce qui lui permet de retrouver pour partie les sensations du vélo. Le pied droit bien fixé dans un cale-pied, il peut pédaler grâce à la force de sa seule jambe sans avoir à gérer son équilibre. Je ne sais si le dispositif est moins lourd qu'il n'en a l'air ou si la possibilité de se mouvoir enfin seul donne des ailes à Alexis… Toujours est-il qu'il roule à toute allure, le vent dans les cheveux, et que le voir filer ainsi, si heureux, si vivant, me fait éprouver une joie fulgurante.

Je ne sais pas si je dois me réjouir de voir Alexis pédaler comme un fou sur ce tricycle ou bien hurler à l'idée que mon cycliste de douze ans en soit réduit à se déplacer sur un porteur à trois roues et sans vitesses. Je ne sais pas si les larmes qui coulent derrière mes lunettes sont des larmes de soulagement ou de désespoir. Après tout, qu'importe ? Le vent marin les sèche aussitôt.

Mardi 30 août 2017

ALEXIS

Papa est là aujourd'hui. Il a dormi au mobile home, chez mamie et Dédé. C'est drôle, parce que je sais que c'est tout près d'ici, mais ça me semble si loin… Presque comme si ça faisait partie d'une autre vie.

Ce matin, nous visitons le collège avec la directrice, une grande femme brune à lunettes. En fait de collège, c'est ce qu'on appelle ici « unité d'enseignement », et qui se trouve dans le même bâtiment que l'« internat ». Les locaux vides – puisque c'est encore les vacances – me mettent légèrement mal à l'aise. Malgré le soin mis par notre accompagnatrice à donner un peu de vie aux lieux et les fresques enfantines qui décorent les murs, tout ici rappelle l'hôpital. Je n'aime pas le bruit que font leurs semelles qui crissent sur le revêtement de sol en plastique. Je me déplace en fauteuil roulant, et mes roues font entendre un son désagréable. Et puis il y a l'odeur, ce mélange de nourriture de collectivité et de détergent qu'on retrouve partout. Bref, alors même que tout semble fait pour nous convaincre qu'on est dans une école comme les autres, les détails crient qu'il n'en est rien. Ici aussi, c'est encore l'hôpital.

La salle de classe imite toutes les salles de classe, mais en miniature : cinq ou six tables, quelques chaises, des bibliothèques montées à l'horizontale pour que tout soit accessible. Je remarque qu'il y a moins de chaises que de tables : la plupart des élèves doivent se déplacer en fauteuil roulant. Mais tout est très propre et semble neuf ou presque. Je note aussi les ordinateurs, PC et Mac, qui équipent les postes de travail.

La directrice me sourit :

— Je suis sûre que tu vas te plaire ici.

Je suppose qu'il faut comprendre ces mots davantage comme un encouragement que comme une véritable certitude. Mais elle a l'air sympathique et déploie beaucoup d'efforts pour rendre le moment agréable, alors, je lui souris largement en retour. Elle se tourne vers papa et explique :

— Vous savez, ici, ce n'est pas une école comme les autres. Bien sûr, il est important que, dans la mesure du possible, les élèves ne prennent pas de retard scolaire, ce pour quoi nous avons une véritable équipe, composée de professeurs titulaires de concours de l'enseignement.

Ce faisant, elle indique un planning accroché au mur. Maths, français, histoire, SVT, anglais, techno, physique… Oui, c'est bien un planning qui correspond à un emploi du temps de collégien, allégé cependant : les cours ne commencent qu'à dix heures et demie tous les matins, et il n'y a pas classe le mercredi après-midi. Je me demande bien ce qu'on va faire le mercredi, tiens. Adieu vélo et entraînements de judo. Mais avant que j'aie eu le temps de poser la question, la directrice enchaîne :

— Ici, c'est un véritable travail d'équipe, parce que les enseignants se concertent toujours avec les professionnels du Centre de Kerpape : ergothérapeutes, orthophonistes, éducateurs, médecins, psychologues… Tous visent à mettre en place des actions pour compenser les déficits et améliorer les résultats et les acquis de chacun des élèves.

Je comprends bien que son discours a pour but de me rassurer et de me convaincre que tout va être mis en œuvre pour mon bien, mais je me sens un peu perdu. Je soupçonne papa d'être soudain légèrement agacé, lui aussi : langue de bois, jargon, je sais qu'il en a eu sa dose pendant mon séjour à l'hôpital. Il l'interrompt d'ailleurs un peu abruptement :

— Bon, d'accord. Et... concrètement ? Quelles sont les « actions » dont vous me parlez ?

— Eh bien, pour commencer, vous avez remarqué que les cours ne commencent qu'en milieu de matinée. Dans un collège classique, on a plutôt tendance à placer aux premières heures de la journée les cours qui demandent davantage de concentration intellectuelle – maths, français, langues... Le sport, la musique, les arts plastiques viennent après. Ici, c'est l'inverse : avant la classe, nos élèves consacrent deux heures à leur accompagnement personnalisé : kiné, rééducation, mais aussi sport (piscine, tir à l'arc, etc.) et accompagnement psychologique, en particulier pour les enfants et les jeunes qui, comme Alexis, ont connu un traumatisme.

Papa ne dit rien. Je sais qu'il repense à la visite du psychologue de l'hôpital, à Brest, parce que moi aussi, j'y repense. Lui et maman aimeraient que je « voie quelqu'un », comme ils disent. Ils sont sûrs que j'ai besoin de parler, d'exprimer ce que je ressens, mes peurs, mes angoisses, mon sentiment d'injustice... Mais je ne l'ai pas encore croisé, le psy qui saura me mettre en confiance et me donner l'impression qu'il m'aide et non qu'il fouille à l'intérieur de mes secrets !

La voix de la directrice me sort de mes pensées. Elle a une façon de parler à la fois calme, précise et directe, que j'aime bien. On sent que ce n'est pas le genre de personne à s'énerver, ni à se laisser démonter. Elle sourit en direction de papa :

— Vous voyez que quand on parle d'individualisation de la prise en charge, ce ne sont pas que des mots !

Elle poursuit, en montrant les ordinateurs :

— Les « actions » que j'ai évoquées, ce sont aussi des aides techniques : applications et logiciels adaptés, voix synthétiques pour les élèves privés de parole…

— Combien seront-ils, dans la… « classe » d'Alexis ?

La directrice consulte un classeur avant de répondre :

— Six. Mais Alexis, en cinquième, sera le plus jeune. Les autres ont tous un ou deux ans de plus que lui. Ne t'inquiète pas, ajoute-t-elle à mon intention, ils sont tous très sympa. Je pense en particulier à un garçon juste un peu plus vieux que toi, Aurélien, avec qui tu devrais bien t'entendre même s'il est en quatrième : il adore le baby-foot !

Papa me fait un clin d'œil : Aurélien, c'est justement le garçon qu'on a croisé en arrivant, dans le parc. Je sais exactement ce que papa pense : ce serait chouette, que je me fasse un copain ici. Dans quelques jours, ce sera la rentrée. École, boulot, ils vont tous reprendre leurs rythmes et seront beaucoup moins présents pour moi. Alors, ça le rassurerait que je ne me sente pas trop seul à Kerpape. Et la vérité, c'est que ça me rassurerait aussi.

Le week-end dernier, je suis resté ici – toujours dans le but que je m'habitue ! – et les éducateurs avaient prévu une sortie au cinéma à Lanester, à laquelle j'ai participé. Honnêtement, je serais bien resté dans ma chambre, je n'avais pas spécialement envie de voir du monde, encore moins de me promener dans un véhicule adapté avec plein de types en fauteuil roulant, mais bon, j'ai bien reçu le message : je n'avais pas vraiment le choix. En tout cas, personne n'aurait compris que je reste ici. On est donc partis tous ensemble dans la camionnette, un jeune éducateur dynamique et toujours de bonne humeur, moi et trois autres ados en fauteuil. Il y avait un gars de mon âge à peu près, Tristan, je crois. Quand on est arrivés à Lanester, on s'est garés sur une place réservée aux handicapés, tout près du cinéma.

— Cool, a dit notre gentil chauffeur, regardez-moi ça, les amis : on est garés juste devant le tapis rouge, de vrais VIP !

Cool, j'ai pensé, comme ça, toute la file d'attente va pouvoir nous mater en train de descendre de la camionnette avec nos fauteuils ! J'enrageais d'être là. J'enrageais d'être dans ce fauteuil. J'enrageais de ne pas pouvoir prendre mes jambes à mon cou pour me barrer. J'enrageais de ne pas être debout dans la file d'attente, comme tout le monde.

C'est Tristan qui est sorti le premier de la camionnette par la rampe d'accès.

— À tout de suite, les mecs, il a dit avant de descendre.

Quand je l'ai vu glisser tout en douceur et amorcer un demi-tour sur ses deux roues arrière, j'ai compris qu'il se fichait bien du regard que les valides pouvaient porter sur nous et que, malgré tant d'années passées cloué dans ce fauteuil, il était resté capable de profiter des beaux moments. Dans ses yeux, on ne lit rien de pourri. Pas de jalousie, pas de haine vis-à-vis de ceux qui marchent sur leurs deux jambes, et pas même de peur de leur regard. Il est celui qu'il est, et ça semble très bien lui aller comme ça. Je l'admire pour ça. Je l'envie aussi, parce que pour ma part, j'en suis si loin !

Le film, c'était *Les Mignons 3.* J'ai horreur de ces espèces de petits personnages qui font entendre des bruits ridicules. Comble de malchance, on nous a installés tout devant l'écran, à une place réservée pour les handicapés. Pendant tout le film, chaque fois que les gens se marraient dans la salle, j'avais l'impression que c'était de moi qu'on se moquait.

Papa consulte l'emploi du temps affiché.

— C'est celui de l'année dernière, précise la directrice.

— Oui, je m'en doute.

— Tu vois, dit papa, tu ne commenceras qu'à dix heures et demie…

Mais je remarque tout de suite que quelque chose cloche. Je l'interromps et pointe, sur la feuille, les rectangles bleus du mardi et du vendredi après-midi :

— Oui, oui, j'ai entendu, le kiné, tout ça. Mais je vois qu'il y a des heures d'espagnol sur le planning.

Papa comprend aussitôt et se tourne vers notre accompagnatrice :

— Alexis avait choisi allemand en deuxième langue, pas espagnol. Et… voilà, il y tenait beaucoup.

La directrice se passe un doigt sur l'arête du nez. Elle ferme une seconde les deux yeux, et une ride se dessine sur son front. Elle semble sincèrement désolée :

— Comme vous le voyez, les classes sont composées de très petits effectifs, et malheureusement nous ne pouvons pas proposer toutes les options. Pour le moment, nous n'avons d'ailleurs pas non plus de professeur de musique.

Papa n'a pas quitté des yeux l'emploi du temps, qu'il semble vouloir apprendre par cœur. Je me racle la gorge :

— J'avais choisi aussi l'option latin, dis-je d'une voix étranglée.

Papa me serre l'épaule, tandis que la directrice murmure :

— Alexis… Je suis désolée.

***

Après la visite, j'ai besoin de prendre l'air. Maman, qui est rentrée à la maison pour préparer la rentrée de Romain et de Mathéo, nous rejoint pour le pique-nique, qu'on prend cette fois sur la plage avec tonton Sam. Papa me porte sur la plage et m'aide à m'installer sur une serviette. Il fait un temps magnifique, la mer brille de mille bleus différents, maman a préparé les sandwichs américains que j'adore. Je suis content de retrouver ma famille, bien sûr. Heureux de revoir maman surtout. Je me suis habitué à sa présence quasi constante à mes côtés depuis plus de trois semaines et ça m'angoisse qu'elle ne soit plus là tout le temps.

Ça devrait être un bon moment, mais je n'arrive pas à me détendre. Je me sens de plus en plus frustré d'être là, à Kerpape, alors que les autres vont retrouver leurs habitudes, leur boulot, leur école, leurs copains. Même Romain m'agace. Il entre en petite section et ne parle plus que de la rentrée :

— Tu sais quoi, Alexis ? Maman m'a acheté un cartable de Mignons !

C'est plus fort que moi, je le rembarre :

— Ah ouais ? Ben, tu sais ce que j'en pense, des Mignons ? Ils sont laids et complètement c...

— Alexis, ça suffit, m'interrompt papa.

Tonton Sam tente de faire diversion.

— Mathéo, tu as pensé au ballon ?

Mathéo se précipite sur son sac de plage et, en un shoot magnifique, envoie le ballon en plastique en plein sur la tête de Sam, qui n'a pas eu le temps de voir le coup venir et en rajoute un peu en se laissant tomber sur le sable de tout son long. Tout le monde rit. Après quelques échanges entre l'oncle et le neveu, papa entre dans le jeu. Il dribble Mathéo, contourne Sam et me fait la passe.

— Alexis, à toi !

C'est une passe rapide, ajustée pour que je puisse fixer le ballon entre mes deux mains et le remettre en jeu sans briser le rythme. Mais je ne bouge pas et laisse le ballon sortir du jeu. Exprès.

Tout le monde s'est tu, même Romain a arrêté de piailler. Du coin de l'œil, je vois le ballon rouler doucement et s'arrêter sur le sable mouillé. Les vagues qui viennent le lécher sont trop molles pour l'emporter loin d'ici. Dommage.

Je sais que c'est injuste et que je ne devrais pas faire subir ma mauvaise humeur à mes proches. En plus, je me réjouissais beaucoup de les retrouver tous. Alors, pourquoi est-ce que je me sens tout d'un coup incroyablement malheureux ?

Papa va récupérer le ballon et le range sans un mot tandis que maman distribue des sandwichs. Elle m'en tend un, emballé dans du papier aluminium. Je distingue un « A » dessiné de la pointe du couteau dans la feuille argentée. Je sais ce que cela veut dire : c'est celui qu'elle a préparé spécialement pour moi, sans cornichons, mais avec double dose de mayo.

— Tiens, Alexis.

Qu'est-ce qui me prend ? Alors que j'ai déjà l'eau à la bouche et une faim de loup, je hausse les épaules.

— Non, merci.

Maman me met de force le sandwich entre les mains :

— Alexis, cesse de bouder, c'est ridicule.

— Je boude pas, c'est juste que j'ai pas faim, je réponds sur un ton agressif.

Papa intervient :

— Ça suffit maintenant !

Je voudrais me mettre debout et partir en courant, loin d'ici, loin de cette famille qui serait parfaitement heureuse sans moi et mes problèmes, loin de ce centre pour handicapés et des éducateurs de bonne humeur. Je voudrais ne pas me mettre à pleurer, et c'est pourtant ce que je fais.

— Alexis… dit maman en me prenant dans ses bras.

On reste comme ça un moment tous les deux. Elle me berce et ça me fait du bien.

— Maman, je dis soudain entre deux sanglots, on m'a changé de chambre, et maintenant, je ne vois plus la mer.

9
La rentrée

Lundi 4 septembre 2017

ALEXIS

Je suis enfin rentré à la maison ce week-end après un mois d'absence. C'est la première fois que je reste si longtemps loin de chez moi. Retrouver la maison, le jardin, c'était bizarre. Tout me semblait à la fois familier et légèrement étranger, comme si quelqu'un s'était amusé à changer des détails en mon absence sans que je sache vraiment lesquels. En plus, la maison me semblait à la fois plus petite et plus grande. Ce que papa explique en disant que n'importe quelle maison doit sembler avoir rétréci quand on est obligé de s'y déplacer en fauteuil roulant. Et que n'importe quelles marches ont l'air d'être plus hautes quand elles deviennent un obstacle qu'il faut franchir, en s'armant de patience, avec une seule jambe et deux béquilles. Il a sans doute raison.

N'empêche, c'était chouette de rentrer chez moi. De retrouver ma chambre, mes frères, ma famille réunie ailleurs qu'à l'hosto. Je me demandais comment ça allait se passer, j'appréhendais même un peu ces retrouvailles, et puis, ç'a été tout simple. J'étais là de nouveau, dans ma maison. Avec ma famille.

Samedi matin, de me réveiller dans mon lit pour la première fois depuis si longtemps, ça m'a donné une énergie folle. Je me sentais revivre tout d'un coup. L'envie de sentir le soleil sur ma peau, l'herbe sous mes pieds, tout simplement, m'a saisi, et j'ai soudain quitté le fauteuil roulant que maman avait installé dans le jardin pour faire quelques pas debout et pied nu, à la force de mes bras. Je me suis aperçu à ce moment-là que je me débrouille bien avec les béquilles. Et que j'adore sentir les muscles de mes bras tendus au maximum pour permettre à mon corps de se déplacer. Comme si je découvrais une nouvelle façon d'utiliser ma force, un nouvel équilibre de mon corps.

Samedi, en début d'après-midi, il est arrivé quelque chose d'étonnant. Benoît Vaugrenard, le coureur cycliste originaire de Vannes, est venu prendre le café à la maison ! Il m'a offert un maillot de son équipe Groupama et un casque. Il a été drôlement sympa avec moi. En partant, il m'a même fait une proposition incroyable :

— Alexis, quand tu reprendras l'entraînement, n'hésite pas à m'appeler. On pourrait aller pédaler ensemble !

J'en suis resté bouche bée. D'abord, qu'il m'imagine sans problème de nouveau sur un vélo. Et puis surtout, de sa proposition. *Moi, Alexis Bellanger, pédalant côte à côte avec Benoît Vaugrenard ?* J'ai visualisé la scène, et ça m'a mis un grand sourire sur le visage, qui ne m'a pas quitté pendant tout le reste de la journée.

Aujourd'hui, c'est la rentrée. Je commence à treize heures. C'est papa qui me ramène à Kerpape ce matin.

Maman, de son côté, emmène mes petits frères à l'école et nous rejoindra ensuite. Le petit déjeuner est assez éprouvant tellement mes frères sont énervés. Mathéo ne parle que de sa rentrée en CM2. De l'imaginer dans la cour de l'école, entouré de tous ses copains, ça me fait un coup au cœur. Je lutte pour ne pas montrer ma mauvaise humeur, d'autant que je sais que papa a pris sa journée pour m'accompagner. Et je me rends bien compte que lui aussi aurait peut-être préféré faire autre chose de sa journée de congé qu'un énième aller-retour à Kerpape.

Manifestement, je parviens plutôt bien à cacher la boule que j'ai dans le ventre – suffisamment en tout cas pour ne pas gâcher la joie de Mathéo et de Romain. Je leur fais même signe sur le pas de la porte tandis qu'ils partent avec maman.

— Allez, mon grand, on y va.

Papa a déjà chargé mes affaires dans le coffre de la voiture. Il a pris le coup de main pour caser le fauteuil sans avoir besoin de démonter les roues. Comme s'il avait fait ça toute sa vie.

Sur la route, on ne dit pas grand-chose. Je n'ai pas trop envie de parler, alors, je garde mes écouteurs dans mes oreilles et j'écoute en boucle mes chansons préférées. *Ipséité* de Damso et surtout *Bandit saleté* de Sofiane. Papa semble soucieux. Il tapote le volant avec l'index de la main droite et regarde tout le temps dans son rétroviseur, signe qui ne trompe pas. Je sais bien à quoi il pense : comment vont-ils s'organiser, lui et maman, tout au long de l'année, pour faire tous les allers et retours jusqu'à Kerpape ? Comment vais-je supporter la scolarité là-bas, à l'internat ? Comment va se passer la rééducation ? Peut-être qu'il s'inquiète aussi pour la prothèse, le prix, je veux dire. J'ai bien vu que maman a ouvert de grands yeux l'autre jour, lors du rendez-vous avec l'orthoprothésiste, quand il a parlé du prix. J'arrive pas à supporter l'idée que je suis devenu un souci pour eux.

En arrivant, j'ai kiné. Papa m'accompagne pour la séance. J'ai commencé la rééducation dès le lendemain de mon arrivée ici et je m'entends bien avec Christel, ma kiné. C'est une femme de l'âge de maman à peu près. Ses fines lunettes lui donnent un petit air de maîtresse d'école, démenti par ses cheveux courts et bouclés qui font penser que c'est quelqu'un de plutôt cool. Et c'est exactement ça : elle est très sympa et crée une ambiance de travail détendue, ce qui ne veut pas dire qu'elle n'est pas exigeante – au contraire, même : elle n'hésite pas à me faire recommencer dix fois un mouvement tant qu'elle estime que je n'ai pas donné le maximum. Les premières séances, ç'avait été difficile pour moi. En fait, je m'étais imaginé l'arrivée à Kerpape comme une sorte de libération. Juste un sas avant de retrouver ma vraie vie. On m'avait tellement dit et redit à l'hôpital à Brest que j'allais pouvoir remarcher normalement que j'en avais oublié le temps de la phrase – toujours conjuguée au futur. Bref, Christel avait un peu douché mes espoirs à la première séance :

— Bien sûr que tu vas remarcher normalement. Mais il va falloir réapprendre, et ça va prendre du temps. Te demander des efforts, aussi. Tu as un petit frère ou une petite sœur, à la maison ?

— Oui. Romain.

— Quel âge a-t-il ?

— Trois ans.

— Eh bien, tu te souviens peut-être de ses premiers pas ?

— Oui, un peu…

Je revoyais Romain titubant entre le canapé et la table basse et nous tous autour en train de l'encourager. Il était fier comme tout dès qu'il faisait deux ou trois pas tout seul, et il lui avait fallu des jours et des jours avant de réussir à traverser le couloir sans tomber sur les fesses.

— Eh bien, tu te souviens sans doute de tous les efforts qu'il a dû fournir pour parvenir à se tenir debout tout seul, trouver son équilibre, et puis coordonner ses mouvements de façon à réussir à mettre un pied devant l'autre, etc.

Non, mais, oh ! j'ai passé l'âge qu'on me donne un carré de chocolat chaque fois que j'ai fait trois pas sans me casser la figure, qu'est-ce qu'elle croit ?

J'ai répondu en regardant ailleurs :

— Ouais…

— Bien. Tu te souviens aussi sans doute que ton petit frère ne s'est pas mis debout comme ça du jour au lendemain…

— Euh… Non, c'est sûr, il a commencé par marcher à quatre pattes, mais bon, vous voulez pas dire que…

Ses yeux ont pétillé derrière ses lunettes et elle a fait entendre un petit rire communicatif qui m'a un peu détendu.

— Non, non, il n'est pas question de marcher à quatre pattes, bien sûr ! Ce que je veux dire, c'est qu'avant de parler de marcher, on doit préparer le terrain. C'est-à-dire commencer par faire du renforcement musculaire.

Tu es resté longtemps allongé depuis l'accident et tes muscles se sont affaiblis. Et puis il faudra retrouver l'équilibre aussi – et là, je parle d'un nouvel équilibre qu'il te faudra acquérir. Mais ne t'inquiète pas, il existe des exercices pour ça, et tout va très bien se passer. Simplement, ça ne va pas se faire en un jour, et c'est exactement pour ça que tu es là avec nous ici, à Kerpape.

Ce matin, on commence par un massage. Mes fils, sur le moignon, ont été retirés le 31 août, et je montre sans gêne ma cuisse à Christel qui s'exclame :

— Eh bien, il est tout beau, ton moignon ! Drôlement mieux qu'à ton arrivée ici.

Elle commence le massage. Je n'aime pas trop ce moment parce que ça me provoque des sensations… pas vraiment douloureuses, mais bizarres. Du fait de l'amputation, la peau sur le moignon est très sensible, et ma kiné m'a expliqué que le massage, qu'elle pratique tous les jours, a pour but de la renforcer pour que la prothèse s'adapte bien, sans causer d'irritation.

Elle me masse vigoureusement pendant quelques minutes. Quand elle a terminé, elle sourit :

— Dis donc, l'œdème a sacrément rétréci ! On va pouvoir commencer les exercices avec la prothèse de travail cette semaine, je pense.

Je suis content. L'orthoprothésiste nous avait expliqué à notre arrivée qu'avant de faire le moulage pour la fabrication du manchon et de l'emboîture, il fallait que l'œdème ait disparu et que les fils soient enlevés.

Après le massage, c'est à moi de travailler !

Je connais les exercices par cœur. Je monte ma cuisse, puis la fais passer en arrière et pousse mon bras gauche à la force de mon moignon. Mon bras est encore plus fort que ma cuisse, mais ça ne va pas durer longtemps : bientôt, c'est le moignon qui va gagner !

***

À treize heures, maman, papa et moi, on prend la direction des salles de classe. Tous les élèves et les parents se retrouvent dans la salle commune pour la présentation des professeurs principaux, qui nous expliquent le fonctionnement de ce collège « un peu particulier ».

Un peu particulier ? Tu parles ! Je regarde autour de moi. Presque tous les élèves sont en fauteuil. Finalement, je ne m'en tire pas si mal, avec ma jambe en moins… J'aperçois Aurélien qui me fait un petit signe. Les quatre autres élèves de cinquième, une fille et trois garçons, ne sont pas avec moi à l'internat. Eux rentrent chez eux tous les soirs.

À quatorze heures, j'embrasse mes parents en essayant de contenir mon émotion.

Voilà, la première semaine de ma nouvelle vie commence.

Ce matin, avant de quitter la maison, je me suis fait une promesse à moi-même : je vais tout faire pour retrouver ma maison, ma famille, mon collège, mes amis le plus rapidement possible. Tout faire, ça veut dire ne rien lâcher, ni au niveau des cours ni au niveau de la rééducation. Ne rien lâcher. Tenir jusqu'au bout, et au-delà même de ses dernières forces. J'ai l'habitude. Je ne suis pas un sportif pour rien.

J'active mon mode *warrior*.

RÉJANE

J'ai réussi à ne pas pleurer en disant au revoir à Alexis tout à l'heure. Mais sur le chemin du retour, seule dans ma voiture, je craque. Ça fait des semaines que tout le monde autour de moi s'étonne de me voir si bien « gérer la situation ». La vérité, c'est que je n'en peux plus. C'est trop dur, trop injuste. Même si je sais que c'est le mieux pour lui et qu'on ne peut pas faire autrement, je ne peux pas m'ôter de l'esprit l'idée que j'abandonne Alexis à son sort. Quand j'ai compris que les autres élèves de sa classe ne venaient à Kerpape que pour la journée, je me suis sentie affreusement coupable. J'en ai dit un mot à Gaëtan sur le parking. Il a haussé les épaules.

— Coupable de quoi ? De ne pas habiter plus près ? Ou qu'une irresponsable l'ait confondu avec un chien ?

On s'est regardés, je n'ai rien répondu et on est remontés chacun dans sa voiture.

Ce matin, j'ai accompagné Romain et Mathéo à l'école. J'y tenais. Envie de me prouver que je suis une bonne mère et que je n'ai pas tout à fait négligé mes deux derniers depuis l'accident d'Alexis. Envie aussi de revoir des visages connus, de croiser des copines, de retrouver une vie normale.

J'ai été servie.

C'est Céline, l'Atsem de la classe de petite section, qui m'a adressé la parole en premier. On se connaît bien depuis le temps : elle a eu Alexis tout petit, Mathéo aussi. Autour de moi, les mamans échangeaient des nouvelles de leurs vacances de rêve avec leurs familles parfaites dans des endroits idylliques où il fait toujours beau. Je m'y étais préparée, si bien que j'ai réussi à faire comme si je n'entendais rien. Je souriais à Romain pour le rassurer, même s'il n'en avait pas vraiment besoin tellement il était content et fier avec son petit cartable sur le dos. C'est là que Céline s'est dirigée vers moi :

— Oh ! Réjane ! J'ai appris pour Alexis et je voulais te dire... Je suis tellement désolée ! Comment va-t-il ?

Bien sûr, je savais que j'allais devoir affronter ce genre de questions et j'avais même préparé ma réponse. *Merci, Alexis va bien, c'est un battant et il va s'en sortir très vite.*

Au lieu de ça, pas un seul mot n'a réussi à franchir mes lèvres. Je n'ai pas pu retenir mes larmes qui se sont mises à couler, couler. Une maman que je ne connaissais pas m'a mis une main sur l'épaule :

— Eh oui, c'est toujours pour les mamans que c'est le plus difficile, la rentrée. Ne vous inquiétez pas, a-t-elle ajouté en désignant Romain, il va passer une super journée et il ne verra même pas le temps passer.

Je suis sortie de la classe en pleurs, et une copine, Anne-Laure, m'a prise dans ses bras pour me réconforter :

— Je sais, m'a-t-elle murmuré à l'oreille... Ce n'est pas facile, tous ces regards insistants...

Je n'ai pas rapporté l'incident à Gaëtan, parce que cela ne ferait que le conforter dans son idée que je devrais prendre un peu de repos. Alors que moi, je tiens à reprendre le travail demain, comme prévu. Je n'imagine pas une seconde rester à la maison à tourner en rond. J'ai besoin de reprendre contact avec la vie réelle. D'avoir l'esprit occupé par autre chose que mes soucis. Ce que j'aime, dans la restauration, c'est qu'on croise toute la journée des clients qui ne connaissent rien à notre situation personnelle. Des clients qui ne me poseront pas de questions et n'attendront de moi qu'une seule chose : que je leur sourie et que je m'occupe d'eux. Bref, que je pense à eux plutôt qu'à moi, et ça me va bien.

En jetant un coup d'œil dans le rétroviseur avant de mettre mon clignotant pour quitter la quatre-voies, j'aperçois mes yeux gonflés de larmes. Pas de mascara qui dessine des traces noires sur mes joues comme dans les films : voilà une éternité que je n'ai pas pris le temps de me maquiller.

Est-ce vraiment une bonne idée de reprendre le travail demain ? Est-ce que je ne suis pas en train de sombrer ?

Mardi 5 septembre 2017

Pour la première fois depuis bien longtemps, j'ai vraiment le sentiment de faire ma rentrée, moi aussi, ce matin. Légèrement excitée, et puis cette boule dans le ventre des matins de septembre de mon enfance. Cette coupure a été si longue, j'ai tellement eu le sentiment de vivre une vie parallèle depuis un mois que retrouver ce qui jusqu'au mois de juillet faisait mon quotidien me fait tout drôle.

Après avoir déposé les deux garçons à l'école, je repasse à la maison pour prendre le temps de me préparer. Je ne me souviens pas d'avoir déjà dû mettre de la poudre « teint de soleil » au début du mois de septembre, mais je n'ai pas envie d'affronter les taquineries des clients toute la journée. (« Mais, Réjane, vous avez passé l'été à la bibliothèque ou quoi ? ») Un trait d'eye-liner, du gloss sur les lèvres, j'enfile mes lunettes de soleil dans mes cheveux, et hop ! le tour est joué. Me voilà prête pour la reprise !

L'effet obtenu n'est pas si mal et je souris à mon reflet dans le miroir avant d'enfiler ma veste.

Pourtant, une fois que je suis dans la voiture, la joie et l'excitation retombent vite. Ma boule dans le ventre grossit, grossit, jusqu'à bientôt m'empêcher de respirer normalement. Qu'est-ce qui m'arrive ? Je suis pourtant contente de tourner la page de cet été noir, non ? Mais tout se passe comme si j'avais remplacé une cause d'angoisse – la préoccupation incessante pour Alexis – par une autre. Et cette autre, je la connais bien. Elle s'appelle culpabilité.

Je profite d'un arrêt à un feu rouge pour essayer de retrouver mon calme. C'est le moment de mettre en pratique les techniques que le psychologue a vainement tenté d'enseigner à Alexis à l'hôpital de Brest. Je prends une profonde inspiration avant d'expirer doucement en essayant de me concentrer sur mes sensations. Une fois, deux fois. Je ferme les yeux quelques secondes pour me visualiser dans mon lieu idéal. Pas plus compliqué que ça. Pas besoin pour moi de mers turquoise, de cocotiers et de transats en toile blanche immaculée alignés sur des plages de sable fin à perte de vue. Nulle envie non plus d'île déserte où un moi parfait – sans kilos en trop, sans ride, sans histoire, en somme – siroterait des cocktails aux noms exotiques en contemplant l'horizon. Dans mon lieu idéal à moi, on est réunis tous les cinq au bord de la mer pas bien loin d'ici. Le matin, on fait des balades sur les sentiers côtiers et on se baigne l'après-midi, toujours sur la même plage. Les soirées se passent en jeux de société ou bien en moments à deux, Gaëtan et moi, tandis que les garçons s'imaginent mille histoires dans leurs cabanes à l'orée du bois. Et, quand la nuit est tombée pour de bon, on regarde les étoiles en goûtant la fraîcheur de l'air marin avant d'aller se coucher dans le mobile home. Je viens de réaliser que mon lieu idéal, c'était Moëlan-sur-Mer.

Un coup de klaxon me sort de ma rêverie. Le feu est passé au vert et je n'ai pas démarré. Mince. Dans la voiture derrière moi, un homme s'agite, mécontent. Je lui fais signe, donne un coup d'accélérateur. Trop tard ! Le feu est repassé au rouge. Je fais mine de ne pas voir, dans mon rétroviseur, l'automobiliste qui brandit son majeur à mon intention et me concentre de nouveau sur ma respiration. Mais je sais déjà que c'est peine perdue et quand je me gare non loin de la pizzeria, la boule dans mon ventre a encore grossi.

Les deux cuisiniers sont déjà là, en plein travail. Ils lèvent tout juste un œil à mon arrivée.

— Salut, Réjane, ça va ?

— Salut. Oui, ça va, et vous ?

Je n'attends pas la réponse à cette question purement formelle et file déposer mes affaires dans l'arrière-salle. Je retrouve chez les deux cuisiniers cette gêne déjà relevée chez beaucoup de personnes que je croise depuis l'accident. Peur de paraître trop curieux ? Crainte de me voir fondre en larmes ? Beaucoup font comme si rien ne s'était passé, ce que je trouve tout aussi déstabilisant que les questions trop insistantes.

Quand je repasse la tête dans la cuisine, David, le chef cuistot, est tout seul. Sur le plan de travail devant lui s'alignent des bols remplis de lamelles de poivron rouge et vert, oignons, tomates et aubergines. Actuellement, il s'occupe de la pâte. Ses mains pleines de farine travaillent machinalement. Il m'aperçoit, essuie ses mains sur son tablier et me sourit.

— Réjane, c'est bien de te revoir.

— Oui, je suis contente de reprendre, moi aussi.

— Dis-moi un peu… Comment ça se passe ?

Ça me fait du bien qu'il me pose la question pour de vrai, et j'apprécie qu'il ait attendu d'être en tête-à-tête avec moi pour le faire. Je me suis préparée à l'exercice ce matin devant ma glace, et les mots viennent sans trop de peine :

— Bah, tu te doutes, c'est pas facile tous les jours. Mais Alexis est sauvé, c'est le principal. Et puis, tu le connais, c'est un battant. On a confiance en lui, il va donner tout ce qu'il peut pour remarcher très vite et revenir à la maison dès que possible.

— Ça, c'est sûr, il a une mentalité de sportif !

David me donne une petite tape sur l'épaule. Il n'est pas d'un naturel très causant, et ça me va bien aujourd'hui. Pas envie de m'appesantir.

Je me sens bien ici. Je retrouve les lieux, les odeurs, mes habitudes de travail quand le temps est compté et qu'il faut rationaliser ses mouvements pour que chacun soit efficace. Je commence par dresser les tables en suivant le plan que mon boss a établi en fonction des réservations déjà effectuées. Je reconnais quelques noms d'habitués et souris à l'idée de retrouver tout à l'heure ces visages familiers. J'installe les serviettes, une salière et une poivrière sur chaque table, remets en place un set, redresse une chaise rangée de travers. Voilà, tout est parfait. Ça fait partie de ce que j'aime dans ce métier : la possibilité de maîtriser parfaitement les gestes à accomplir pour que tout se passe comme prévu. Sans surprise.

Dans la petite salle du fond, par la porte entrouverte, j'aperçois Christophe, mon patron, qui étudie les factures étalées sur son bureau. Sourcils froncés et calculette en main, il a l'air absorbé, ce qui me fait une bonne raison pour ne pas le déranger. Je le comprends, je suis comme lui : j'ai horreur de la paperasse, et j'ai toujours pensé que rien qu'à cause de ça, je ne pourrais pas me mettre à mon compte. Remplir sans cesse des formulaires administratifs et des déclarations, noter la moindre de ses dépenses, garder des cahiers et des cahiers de comptes, conserver tous les justificatifs, ce n'est vraiment pas pour moi. Et pourtant, quand j'y pense, c'est exactement ce que je dois faire depuis quelques semaines.

Gaëtan est convenu avec maître Caty Richard que c'est elle qui nous représentera lors du procès. Mais c'est une de ses associées, maître Marcou, spécialisée dans le droit des personnes et des familles, qui s'occupe de monter le dossier. Je n'avais jamais eu affaire à la justice jusqu'à présent et je n'imaginais pas l'importance du côté administratif. Depuis quinze jours, à la demande de l'avocate, j'ai donc ouvert tout un tas de dossiers (« Médical », « Assurance », « Finances », « Scolaire », « Vie quotidienne ») dans lesquels je classe scrupuleusement tout ce qui concerne l'accident d'Alexis, mais aussi tout ce qui justifie des bouleversements actuels et à venir de notre vie familiale. Concrètement, ça veut dire que je note par exemple tous les trajets que nous avons faits et faisons pour Alexis, d'abord pour aller à Brest, maintenant pour aller le voir et le conduire à

Kerpape. Comme mon patron, je garde scrupuleusement les reçus de carte bancaire qui justifient les pleins d'essence. Et puis, je note sur un cahier tout ce qui a changé depuis l'accident. Mon grand livre de comptes à moi, en quelque sorte.

Vers onze heures et demie, mes collègues Maëva et Marie arrivent. Je suis contente de les revoir, surtout Marie qui est avec moi en salle. Ma binôme, mon repère, mon pilier pour cette reprise !

— Comment vas-tu, ma belle ? me demande-t-elle en m'embrassant sur les deux joues.

— Bah, on fait aller. Et puis, je suis contente d'être ici. Ça me fait du bien de vous retrouver, après tout ça !

— Nous aussi, on est contentes de te revoir. Tu nous as manqué, tu sais !

C'est rapidement le coup de chaud du déjeuner. La terrasse est remplie et bientôt il ne reste plus une seule table libre en salle non plus.

Je cours de table en table pour prendre les commandes, souris à chacun, échange quelques mots avec les clients que je connais, donne quelques nouvelles d'Alexis sans jamais m'appesantir, plaisante même avec monsieur B., un habitué, adepte des compliments appuyés :

— Réjane, vous êtes resplendissante !

— Je ne vous le fais pas dire. Vous devriez tester, vous aussi, de passer un été en *all-in* à l'hosto !

À sa table, tout le monde se marre. Moi aussi.

À treize heures trente, le restaurant commence à se vider. Je nettoie les tables désertées et remets des nappes en papier propres pour le service du lendemain.

Pendant ce temps, Cécile et Maëva s'activent en cuisine. Les bras chargés d'assiettes sales, je pousse la porte battante de la cuisine avec le pied et surprends juste ces mots, à la volée :

— En tout cas, moi, je pourrais pas !

À mon arrivée, la conversation entre mes deux collègues s'interrompt. La boule dans mon ventre, qui avait fondu, ressurgit tout à coup, serrée comme un poing.

— Tu pourrais pas quoi ? je demande en m'essuyant les mains sur mon tablier.

Maëva regarde ailleurs, gênée. Cécile vient à sa rescousse :

— On se disait qu'on serait incapables de faire comme toi. Tu vois, reprendre le travail, tout ça, à peine un mois après l'accident…

Maëva, manifestement gênée, tortille un torchon entre ses mains. Mon regard passe de l'une à l'autre.

— Vous voulez dire quoi, exactement ? Que je devrais passer mes journées à l'hôpital avec Alexis, c'est ça ? Si j'étais une bonne mère, je veux dire, hein !

Maëva referme le tiroir dans lequel elle a terminé de ranger tous les couverts et me fait face.

— Arrête, Réjane. C'est vrai qu'on ne comprend pas, parce qu'on se dit que si c'était notre enfant, on pourrait pas le laisser comme ça, loin de nous…

La culpabilité m'envahit tout entière tandis que Maëva continue :

— Il n'est pas question de te juger, tu as forcément tes raisons… On sait bien qu'il y a tes autres garçons qui ont aussi besoin de toi à la maison, tout ça. C'est juste qu'après un tel traumatisme, on pensait que tu ne reviendrais pas travailler tout de suite, voilà. C'est tout.

Je suis abasourdie. Dans la journée, mes petits sont à l'école. Quant à Alexis, entre la rééducation et les cours, ses semaines vont être bien chargées. Alors, je devais faire quoi ? Rester enfermée toute la journée à pleurer sur Alexis ?

Ce n'est qu'en rapportant l'incident à Gaëtan le soir que je comprends que si certaines personnes attendent de moi que je ne me montre pas, ce n'est pas tant qu'elles estiment que ma place est auprès de mon fils. C'est plutôt qu'elles préféreraient ne pas avoir à affronter ma peine.

Vendredi 8 septembre 2017

La première semaine sans Alexis se termine. Ça été un tel tourbillon qu'au moins, ça m'a évité de trop penser à tout ce qui nous est arrivé depuis un mois. À notre vie chamboulée. Mais ce soir, seule au volant de ma voiture sur la route pour Kerpape, je ne peux pas fuir les pensées qui m'assaillent. Et surtout, le profond sentiment d'injustice. Pourquoi nous ? Pourquoi lui ? Pourquoi cette dame s'est-elle trouvée sur le chemin d'Alexis ? Cette personne qui a renversé Alexis a en même temps chamboulé toute notre vie. Désormais, tout sera différent. J'ai gardé le sourire toute la semaine. Sourire, ça fait partie de mon boulot, après tout. Mais dans l'habitacle de ma voiture, le masque tombe et je crie mon désespoir, puisqu'il n'y a personne pour l'entendre, que moi pour savoir que je ne suis pas la femme forte que tout le monde croit.

Cette semaine, nous avons eu la gendarmerie au téléphone. On nous a dit que cette dame a été auditionnée et qu'elle reste sur sa version : elle n'a vu ni maman ni les garçons. Juste un chien. *Un chien !*

Ma colère monte. Mes fils, ma mère… C'est comme si cette dame, en plus d'avoir volé la vie d'Alexis, lui retirait sa qualité d'être humain. Comme si elle le ravalait au rang d'animal. *Elle a failli tuer mon fils, merde ! Elle a psychologiquement détruit beaucoup de monde, et elle n'a vu qu'un chien ?* Des pensées que je ne voudrais pas avoir m'assaillent. *Elle, sa vie se termine alors que celle de mon fils commence !*

La boule dans mon ventre revient d'un coup, comme si elle ne m'avait jamais quittée. J'enrage de devoir aller chercher Alexis dans ce centre. Alors qu'il aurait dû prendre le car, retrouver ses copains, découvrir ses nouveaux profs… il a fait sa rentrée en fauteuil et sans copains. Sans récrés où raconter les vidéos sur YouTube, se plaindre des devoirs à faire, se vanter de ses exploits sportifs.

À l'âge où il devrait avoir son premier « vrai » baiser, lui, il sera au centre.

Je n'ai pas parlé de cette question avec Gaëtan, parce qu'il est très pudique et n'aime pas ce genre de conversations. Mais forcément, en tant que maman, j'y pense : quelle jeune fille acceptera de sortir avec un garçon qui a une prothèse ?

10
Une visite inattendue

ALEXIS

Mon sac est prêt depuis ce matin déjà. Au milieu de mon linge sale de la semaine, j'y ai fourré pêle-mêle plus ou moins tout ce qui se trouvait sur mon bureau et sur ma table de chevet : chargeur de téléphone, écouteurs, quelques cahiers, ma trousse. De toute façon, je reviens lundi, alors… J'ai hâte de rentrer chez moi, et les minutes qui s'étirent me semblent interminables. La semaine s'est plutôt bien passée, mais d'un coup je ne supporte plus d'être ici. Alors, quand je reçois le message de maman qui me prévient qu'elle sera en retard à cause des embouteillages, je balance mon portable sur le lit. *Fais chier, tiens !*

Je suis assis dans mon fauteuil sans rien faire de spécial à part ruminer ma mauvaise humeur quand j'entends des bruits de pas dans le couloir.

Maman ? Déjà ?

Non, ce n'est pas elle. Pas du tout sa façon de marcher. Pourtant, les pas s'arrêtent devant ma porte et on toque. Sans doute un éducateur qui vient s'assurer que tout va bien.

Je grogne :

— Oui, entrez.

Dans l'encadrement de la porte, un jeune homme dont les traits me sont vaguement familiers. Grand, brun, très mince. De grands yeux rieurs éclairent son visage et, lorsqu'il me sourit, il dévoile des dents blanches parfaitement alignées. On dirait un peu un acteur de cinéma, en plus sympa, en somme. Mais un acteur de cinéma qui serait en vacances incognito. Il porte un jean et des baskets, un sweat à capuche gris et des lunettes de soleil remontées sur sa tête. Après une seconde d'hésitation, il fait un pas dans ma chambre.

Et là, mon cœur fait un bond dans ma poitrine.

Ce n'est pas possible. Ce ne peut pas être lui !

J'écarquille les yeux et détaille ce visage familier. Mon cerveau travaille à toute vitesse. Bien sûr, il faut l'imaginer sur un vélo, avec son casque sur la tête et ses lunettes, et puis son maillot à pois de meilleur grimpeur, mais c'est sûr, c'est lui. Ce ne peut être que lui !

Normalement, ce genre de situation n'arrive que dans les livres, et alors là, les héros font des trucs bizarres, comme se pincer pour vérifier qu'ils ne rêvent pas. Mais je n'ai pas besoin de faire ce genre de chose, car mon téléphone qui bipe sur le lit me prouve, s'il en était besoin, que je suis bien réveillé.

Mais alors, qu'est-ce que... ? Qu'est-ce que Warren Barguil fait ici, à Kerpape ?

— Bonjour, Alexis, tu me reconnais ?

Bien sûr que oui : on l'a suivi tout le mois de juillet sur le Tour de France !

Les images défilent dans ma tête à toute vitesse : je revois Wawa dans une échappée, lors d'une étape dans le Jura au début du Tour. Et puis le lendemain, lors de l'arrivée à Chambéry, quand il a été battu de quelques millimètres par Rigoberto Urán. Rageant ! Mais ça ne l'avait pas empêché d'obtenir ce même jour le maillot de meilleur grimpeur, et il était tout sourire sur le podium. Mathéo et moi, on était quand même dégoûtés, et on avait vécu l'étape du 14 Juillet complètement survoltés. On espérait bien qu'il allait prendre sa revanche et on n'a pas été déçus : quand il s'est imposé au sprint devant Nairo Quintana, Alberto Contador et Mikel Landa, on hurlait de joie. Romain faisait même des bonds sur le canapé, ce qui est strictement interdit à la maison. Et puis après, bien sûr, il y avait eu la dix-huitième étape, avec l'ascension finale du col d'Izoard, et cette incroyable façon dont il s'était imposé en solitaire, remportant la deuxième étape du Tour de France de sa carrière et « assurant définitivement son maillot à pois », comme disent les commentateurs…

— Je crois… Vous êtes Warren Barguil, non ?

J'ai parlé d'une toute petite voix, parce que je me sens drôlement intimidé. Il sourit de nouveau, faisant briller ses yeux noisette.

— Je peux entrer ?

— Bien sûr !

Il pénètre dans ma chambre et referme doucement la porte derrière lui.

J'aimerais pouvoir me lever pour lui serrer la main. Au lieu de quoi, je reste assis dans mon fauteuil. Warren

Barguil serre la main que je lui tends, et puis me donne une accolade.

— Moi aussi, je te connais, Alexis. Par Facebook, tu sais ?

Bien sûr que je sais. J'ai lu et relu au moins cent fois le message de soutien qu'il m'a adressé !

— Alors, voilà… Je passais pas loin d'ici et j'ai pensé qu'une visite te ferait peut-être plaisir.

— Oh ouais, c'est super !

Dire qu'il a failli ne pas me trouver là ! Si maman avait été à l'heure, j'aurais manqué la visite de Warren !

— Comment ça se passe ici, à Kerpape ?

— Bien. Tout le monde est sympa et les installations sont super. Mais bon…

J'ai détourné les yeux. Je ne veux pas avoir l'air de me plaindre, et, pire que tout, lui donner l'impression que sa visite ne me fait pas plaisir.

— Ben oui, j'imagine bien que c'est difficile. Mais ça vaut le coup, tu verras, tu ne regretteras pas les efforts que tu fais. Vois-tu… j'ai été blessé, moi aussi, un jour.

Il s'assied sur le lit et se penche vers moi, les mains jointes.

— Bon, c'était beaucoup moins grave. Mais quand j'ai entendu ton histoire, ça m'a touché, tu vois, parce que ça m'a rappelé comment j'ai dû me battre, moi aussi, après mon accident. Et comment les encouragements de mon équipe m'ont aidé à ne rien lâcher.

Je suis sidéré. Je n'ai jamais entendu parler de cette histoire.

— Que… que vous est-il arrivé ?

Warren fronce légèrement les sourcils.

— Tu peux me tutoyer, tu sais, entre cyclistes… Et puis, je ne suis pas si vieux que ça, hein !

Je bredouille :

— Me… merci ! Et donc, qu'est-ce qui vous… euh, qu'est-ce qui t'est arrivé ?

— C'était en hiver, en janvier 2016. J'étais en stage avec mon équipe. Je roulais avec cinq coéquipiers quand une voiture est arrivée droit sur nous.

Je suis suspendu à ses lèvres. Son histoire ressemble tellement à la mienne ! Warren poursuit :

— C'était fou, tu vois, cette voiture qui roulait face à nous, du mauvais côté de la route ! On a su plus tard que la conductrice était anglaise et qu'elle s'était trompée dans le sens de la circulation.

— Non !

— Ben si, tu vois. Un truc idiot. Mais les accidents sont toujours bêtes, non ?

Je souris en haussant les épaules :

— Si, c'est sûr !

— Tout est allé tellement vite qu'on n'a pas eu le temps de changer de côté de la route. On a été violemment percutés tous les six. C'était un enchevêtrement de vélos et de cyclistes, tu imagines la scène… Moi, j'étais au sol, incapable de me relever. Bref, j'étais touché au niveau du genou. À l'hosto, on m'a diagnostiqué en plus une fracture du scaphoïde, au poignet, tu sais ? J'ai dû être opéré.

— Et les entraînements ? Tu étais pourtant bien au Tour de France, en juillet 2016 !

— Oui. Bon, attention, ce n'était pas aussi grave que ce qui t'est arrivé, hein ? Mais j'avais décidé de ne rien lâcher. Pas question de remettre en cause mes objectifs de la saison – et ils étaient nombreux : les classiques ardennaises, le Tour de France, les Jeux olympiques et la Vuelta. Rien que ça !

Il rit. Je suis impressionné :

— Et tu as attendu combien de temps avant de reprendre la compète ?

— Deux mois. Pour le tour de Catalogne, le premier jour du printemps, j'étais de retour !

J'entends des pas précipités dans le couloir. La porte s'ouvre sur maman qui desserre déjà les lèvres pour s'excuser ou pester contre les bouchons. Elle s'arrête net sur le seuil de ma chambre.

Warren s'est levé, tout sourire. Il lui tend la main en se présentant, comme si elle ne l'avait pas reconnu !

— Je suis Warren Barguil. Je passais par là et j'ai voulu dire quelques mots d'encouragement à Alexis, fait-il avec l'air de s'excuser.

En même temps, il ouvre son sac de sport.

— Je t'ai apporté quelque chose pour compléter ta collection, dit-il en montrant le mur au-dessus de mon lit.

J'y ai affiché le maillot d'Audrey Cordon-Ragot apporté par papi et celui de l'équipe Fortuneo Oscaro, signé par des coureurs. Il y a aussi, un peu plus loin, le maillot bleu de l'équipe de France de Katell Alençon et celui que Benoît Vaugrenard est venu m'apporter à la maison le week-end dernier.

— Tiens, c'est pour toi, dit Warren en me tendant son maillot noir de l'équipe Sunweb.

Je lui fais un grand sourire.

— Waouuuh !… Merci !

— Et voilà la casquette assortie, ajoute-t-il en me la posant sur la tête. Pour que tu n'oublies jamais ta mentalité de champion !

Tandis que maman sort son téléphone pour nous prendre en photo, il me glisse à l'oreille :

— Tu me promets de ne pas lâcher la rééducation, Alexis ?

Je lui serre la main.

— Promis !

11
Reprise de l'entraînement

Lundi 11 septembre 2017

ALEXIS

Tout le week-end, j'ai retourné dans ma tête l'échange que j'ai eu avec Warren vendredi soir. *Deux mois. Il lui a fallu deux mois avant de se remettre à la compète.* Mais il a repris l'entraînement très vite. « Le plus vite possible », a-t-il dit.

J'ai fait des recherches sur Internet hier. Si un sportif cesse de s'entraîner, sa masse musculaire fond à toute vitesse. Il perd en souplesse très vite aussi, et bientôt, tout est à recommencer.

« Quand on arrête le sport, expliquait une dame en blouse blanche que j'ai regardée dans une vidéo sur YouTube, la masse musculaire, la densité osseuse et la consommation d'oxygène diminuent. Quand on reprend, on est donc moins performant et on s'essouffle plus rapidement. » À côté d'elle, un nutritionniste du sport confirmait ses propos et ajoutait que l'arrêt du sport peut avoir « des retentissements physiques et physiologiques importants comme une prise de poids, l'apparition de troubles du sommeil, d'un diabète ou d'une hypertension artérielle auparavant maîtrisée grâce à la pratique sportive régulière ».

J'ai repensé à toutes ces heures passées sur mon vélo et sur le tatami depuis que j'ai – quoi ? cinq ans ? six ? – et j'ai su que je n'aurais jamais la volonté de tout reprendre à zéro. Du coup, il n'y a pas trente-six solutions : moi aussi, je dois me remettre à l'entraînement le plus vite possible.

C'est-à-dire aujourd'hui.

Ici, à Kerpape, on a le choix entre différentes pratiques sportives. Ping-pong, badminton, tir à l'arc, escalade, piscine, le choix est vaste. *Badminton ?* Comme je ne me voyais pas vraiment « courir » après un volant dans mon fauteuil roulant, j'ai choisi tir à l'arc. Plus statique, donc plus accessible. J'ai commencé la semaine dernière. C'est sympa, ça me permet de travailler ma concentration, la précision du geste aussi, et contrairement à ce qu'on pourrait croire, ça demande pas mal de force physique aussi. Mais bon, ce n'est pas exactement ce que j'appelle du sport.

Le lundi matin, pour commencer la semaine, c'est natation. Enfin, ça s'appelle « piscine » sur le planning. Ce qui est génial, j'avoue, c'est d'avoir une piscine sur place. Une vraie piscine, juste pour nous. On a fait le tour du bassin lors de la visite du centre, mais je n'avais pas imaginé que je pourrais y nager aussi vite.

— Et alors, m'a demandé Christel la semaine dernière quand je lui ai fait part de mes hésitations, qu'est-ce qui t'en empêche ?

— Ben…

Elle m'a provoqué un peu :

— La seule contre-indication pour l'accès au bassin, c'est la présence d'une plaie infectée. Ce n'est pas ton cas, que je sache ? On t'a retiré tes fils, ton moignon est superbe, tu n'as plus qu'à te jeter à l'eau !

— Avec une seule jambe ?

Elle a ri :

— Une jambe et une cuisse, depuis quand ça ne suffirait pas pour nager ? Sérieusement, Alexis, tu verras, tu vas adorer la piscine. Tu vas y retrouver un équilibre, la possibilité de te mouvoir sans entrave. Et puis, c'est excellent pour la rééducation.

Malgré tout, je n'étais pas très convaincu. Et ce matin, au moment de me mettre à l'eau, eh bien… je n'y crois plus du tout. Je suis sûr, même, que je ne vais pas y arriver.

J'ai parlé à maman ce week-end de ma peur de ne plus savoir nager.

— Alexis, nager, ça ne s'oublie pas !

— Ouais, c'est ce qu'on dit. Mais nager sans ma jambe… J'ai peur de couler à pic !

Elle l'a pris un peu à la rigolade. C'est une manière qu'elle a de dédramatiser :

— Eh bien, si jamais tu coules, papa n'aura qu'à plonger pour aller te chercher !

Papa, qui est d'après-midi aujourd'hui et a donc sa matinée libre, m'accompagne jusqu'à la piscine. Et lui, il y croit pour deux :

— J'ai hâte de te voir te débrouiller comme un poisson dans l'eau, me dit-il en m'ébouriffant les cheveux.

C'est lui qui me pousse dans le fauteuil, et il profite de la situation. Ça me fait toujours râler qu'il me fasse ça, comme si j'avais six ans ! Je fais mine de bouder un peu, mais c'est pour le fun :

— Ah ! laisse-moi tranquille ! je crie en tournant la tête de droite à gauche.

— Pas question ! Pour une fois que je te tiens à ma merci !

Quand on arrive dans les vestiaires, je suis tout décoiffé et rouge comme une tomate, à force de m'être agité comme ça. Je respire un grand coup et reprends mon calme : c'est ici que les choses se corsent, d'autant que papa ne peut pas m'accompagner jusqu'au bord du bassin. Lors de la visite du centre, fin août, j'ai entendu la directrice raconter à papa qu'il y a peu de temps encore, la piscine de Kerpape était ouverte à tous. Un peu comme une piscine municipale : il suffisait de prendre un ticket et hop ! tous à l'eau ! Sauf que des gens se sont plaints : certains râlaient parce qu'ils trouvaient anormal qu'un couloir soit réservé aux personnes en cours de rééducation, d'autres parce qu'ils ne voulaient pas nager dans une piscine avec des handicapés ! Alors, le jour où un utilisateur a renvoyé son ticket par la poste en demandant son remboursement sous prétexte qu'il y avait trop d'enfants en fauteuil au bord du bassin, la direction a décidé que la piscine pour tous à Kerpape, c'était terminé. Et depuis, l'accès en est réservé aux personnes en cours de rééducation, aux maîtres-nageurs et au personnel soignant.

Quand j'arrive au bord de l'eau avec mon fauteuil, j'aperçois papa derrière la vitre. Il me fait un petit signe et me prend en photo avec son téléphone.

Je suis sûr que trois secondes plus tard, il a déjà partagé sa photo avec maman, mamie, Dédé, tonton Sam, etc. Autant dire que je m'apprête à réaliser un exploit qui va être vécu en direct par toute la famille. Pas le choix : je n'ai plus qu'à me montrer à la hauteur de l'événement.

Je regarde autour de moi, un peu perdu. Ici, pas d'enfants qui courent et glissent sur les bords mouillés, pas de joyeux méli-mélo de maillots et de bonnets multicolores. Je suis surpris aussi par le calme qui règne : j'ai l'habitude des piscines résonnant de cris et de remous de plongeons, et le silence est limite inquiétant. Ce qui ne change pas par contre, c'est la chaleur moite, et puis l'odeur de chlore qui me prend au nez et que je respire avec bonheur.

Les maîtres-nageurs (maillot, tee-shirt, claquettes, j'en dénombre trois ou quatre) sont tous occupés à surveiller la baignade. Il y a plusieurs fauteuils roulants au bord du bassin, tous vides de leur occupant. J'avoue que ça m'oppresse un peu, la présence de tous ces fauteuils autour de moi depuis que je suis à Kerpape. Enfin, pas vraiment les fauteuils, plutôt les personnes dedans. De ne voir partout que des corps tordus, amputés ou à moitié démolis, c'est… un peu flippant. Pourtant, quand je regarde vers l'eau, je ne distingue que des silhouettes qui glissent dans le bleu scintillant, se mouvant sans effort et… avec grâce. Le presque silence, les vaguelettes qui viennent lécher les roues de mon fauteuil, les ombres brillantes des nageurs… Je me sens irrésistiblement attiré vers l'eau. Comme si je m'apprêtais à retrouver mon élément.

Un maître-nageur s'approche de moi. Il est jeune, musclé, avec un tatouage sur le biceps, et me fait un grand sourire.

— C'est la première fois pour toi ?

— Oui…

— Tu as besoin d'un coup de main pour te mettre à l'eau, alors. Ici, il y a un équipement adapté, tu vas voir. C'est aussi bien que le toboggan du centre aquatique !

Tout en parlant, il désigne un fauteuil fixé au bord du bassin devant lequel il m'aide à pivoter.

— Un, deux, trois !

Dans ses bras, j'ai l'impression de ne pas peser plus lourd qu'une plume. Me voilà installé sur ce fauteuil, hybride entre le toboggan et l'ascenseur, et qui me permet d'atteindre l'eau en douceur. La température est idéale et je prends le temps de m'habituer. Un nageur, lunettes de plongée et bonnet de bain noir, glisse tout près de moi en un mouvement souple. Quand il se retourne en venant frapper de son seul pied contre le bord pour imprimer de la vitesse à sa nage, je reconnais un adulte que j'ai déjà croisé au centre et que j'ai repéré parce qu'il est amputé au-dessus du genou, comme moi. Là, dans l'eau, il n'est plus le même. Son corps est puissant, musclé. Harmonieux.

Au-dessus de moi, le maître-nageur a suivi mon regard.

— Bien sûr que tu vas y arriver, toi aussi ! Allez, c'est parti !

Il n'en fallait pas plus pour me donner l'impulsion. Alors, je ferme les yeux et me laisse glisser dans l'eau fraîche qui m'enveloppe et me porte comme les bras puissants du maître-nageur tout à l'heure. Sauf qu'à l'intérieur de ces bras puissants, je peux me mouvoir comme je veux. Je me laisse d'abord flotter, sur le ventre et sur le dos, dans le bonheur de l'apesanteur, et puis retrouve naturellement les mouvements de la nage. La brasse d'abord, une longueur, en gardant la bordure à portée de main, au cas où j'aurais besoin de m'y agripper. Après deux fois 25 mètres supplémentaires, j'ai retrouvé mon rythme et j'enchaîne avec une longueur au crawl. Le maître-nageur, qui m'avait d'abord suivi avec une perche, prêt à me porter secours, ne me surveille plus que du coin de l'œil.

Concentré sur le rythme de ma respiration, je ne vois bientôt plus papa qui parcourt les longueurs en même temps que moi là-bas derrière la vitre, son téléphone à bout de bras. J'écoute le bourdonnement de l'eau, j'entends les battements de mon cœur. Je sens mon corps vibrer, tendu par l'effort. Mon corps vivant.

Vendredi 15 septembre

Vendredi soir. Je retrouve la maison, avec le rythme et les activités de chacun. Le rythme et les activités qui étaient les miens aussi, avant…

Et pour commencer, entraînement de judo aujourd'hui. Enfin, l'entraînement de Mathéo, parce que pour moi, c'est fini. Quand maman m'a dit qu'on allait déposer mon frère au club, je n'ai pas bronché. Elle venait de s'enfiler deux heures de voiture pour me récupérer à Kerpape, alors, je pouvais bien patienter un quart d'heure, le temps de faire le crochet pour Mathéo, n'est-ce pas ? Mais en fait, ce n'est pas exactement comme ça qu'elle avait vu les choses. Elle est entrée sur le parking et s'est garée. Puis a éteint le moteur.

— Bon, j'accompagne Mathéo, histoire qu'il trouve ses marques pour son cours de reprise.

Et puis, se tournant vers moi qui n'avais pas défait ma ceinture :

— Tu viens ou tu restes là ?

J'y vais ? Je reste ? D'abord, l'idée de devoir faire tout le cirque avec le fauteuil qu'il faut sortir du coffre et déplier à chaque fois, et plus encore la perspective d'avoir à affronter les regards curieux et les questions m'ont tétanisé. Mais il y avait aussi l'envie de retrouver les copains et les professeurs de judo, l'ambiance du club…

Mathéo sautillait d'impatience à côté de ma portière ouverte.

— Allez, Alexis, quoi ! Sors de là…

Comme j'hésitais encore, maman a ouvert le coffre et fait rouler le fauteuil jusqu'à moi.

— Hop ! saute là-dedans, je t'emmène !

Quelque part, ça m'arrangeait de ne pas avoir le choix. Parce qu'au fond de moi, je sentais grandir ce fourmillement d'impatience des jours de rentrée, et je savais que j'avais hâte de revoir Olivier mon professeur, et tous mes potes, en particulier Baptiste. Et tant pis s'ils allaient arborer fièrement leur ceinture bleue qu'ils ont reçue, comme moi, en juin dernier, et que je n'ai pas encore eu l'occasion de porter. Et tant pis pour ce fauteuil encombrant.

Devant l'entrée des vestiaires, des enfants en kimono blanc discutaient par groupes, heureux de se retrouver après les deux mois de vacances. D'autres couraient dans le couloir malgré les rappels à l'ordre de leurs mères, toutes trop occupées de toute façon à papoter pour chercher vraiment à imposer leur autorité.

Quand on est entrés, il n'y a pas eu de silence gêné comme je le craignais, mais j'ai surpris pas mal de regards appuyés de la part des plus petits. C'est normal, ils avaient tous été mis au courant de ce qui m'était arrivé et j'aurais fait pareil à leur âge : la curiosité l'aurait emporté sur la politesse. J'ai fait mine de rien. Dès que je suis entré, Baptiste est venu vers moi avec un grand sourire :

— Oh ! Alexis ! C'est trop bien de te voir ici, mon pote !

On s'est fait un check, et puis d'autres copains sont arrivés. J'étais là, tout content, à discuter avec eux, quand maman nous a rejoints.

— Ça te dirait d'aller saluer Rémi ?

Rémi est le président du club de judo. Je le connais depuis que je suis tout petit, et c'est devenu un peu un ami de la famille, depuis le temps. Il est même venu me voir à Kerpape, la semaine où je suis arrivé là-bas.

— Oui, bien sûr !

Les copains se sont écartés et je me suis avancé jusqu'au tatami. Là, Olivier terminait l'entraînement des moyens. Il m'a fait signe en m'apercevant :

— Quelle surprise ! C'est sympa de venir nous rendre visite !

Moi aussi, j'étais très heureux de le revoir, d'être là, tout simplement, dans ce lieu familier. J'ai réalisé à ce moment-là que c'était la première fois depuis l'accident que je retournais dans un lieu que je fréquentais *avant.* Je suis resté un instant, assis dans mon fauteuil, à regarder la fin de l'entraînement. Je me suis amusé à repérer les nouveaux. Facile : ils ont un temps de retard sur tout le monde et se tiennent tout raides dans leur kimono plus blanc que blanc acheté la veille chez Décathlon ! Les plus « vieux » du cours à l'inverse jouent les caïds et, pour montrer qu'ils ont de l'expérience, font tout avec un temps d'avance. Ils essaient d'en mettre plein la vue aux nouveaux en faisant des prises super faciles, *o soto gari* ou *ogoshi*, mais qui sont assez impressionnantes pour que leurs spectateurs ouvrent des yeux ronds comme des billes.

Le résultat, vu depuis le bord, était un semi-désordre plutôt joyeux, qu'Olivier canalisait sans difficulté, avec fermeté et gentillesse, comme toujours. Là-bas, dans le couloir, maman discutait avec une de ses copines. Même de loin, je voyais bien qu'elle était heureuse de retrouver des visages connus. Quand je l'ai entendue rire au récit que faisait une des mamans, avec de grands gestes à l'appui, ça m'a fait chaud au cœur. D'un coup, j'ai eu l'impression qu'elle m'avait oublié. Ou plutôt qu'elle avait oublié que rien n'était plus comme avant. Et donc, que tout était redevenu comme avant. Je me suis senti bien. Cool.

Sur le tatami, les judokas, à genoux et dos bien droit, mains sur les cuisses et coudes écartés, faisaient le salut qui marque la fin du cours. *Et si... ?* L'idée m'a traversé comme un éclair. Et avant que l'autre partie de moi – la partie raisonnable, dont maman dit qu'elle prend toujours le dessus – ne vienne me murmurer à l'oreille que ce n'était pas une bonne idée, je me suis laissé glisser sur le tatami et j'ai fermé les yeux quand j'ai senti le contact du caoutchouc souple et chaud sous mes mains.

Quand je les ai rouverts, cinq secondes plus tard, le groupe de Mathéo et de ses copains avait envahi le tatami. Des enfants en kimono blanc sont venus se placer de part et d'autre de moi, et je me suis mis à genoux avec eux, le dos à la verticale, pour faire *seiza*.

Après le salut marquant le début du nouveau cours, Olivier s'est approché de moi, une veste de kimono à la main. Bien sûr, s'il m'avait demandé quelque chose comme « Tu te sens de le faire ? » ou « On essaie ? », j'aurais répondu non, alors que j'en mourais d'envie. Mais il ne m'a rien demandé. Il s'est simplement mis à genoux à côté de moi, m'a tendu la veste que j'ai enfilée et m'a fait, au ralenti, des prises au sol qu'on avait vues l'année dernière, *ude gatame* et *waki gatame*. D'abord incrédule, j'ai roulé doucement sur le tapis avant de me redresser sur mes avant-bras, et j'ai tenté à mon tour une prise qu'on m'avait enseignée au tout début pour passer ma ceinture jaune : *tate shiho gatame*. Olivier s'est laissé immobiliser au sol en riant.

Autour de nous, les judokas s'étaient arrêtés et chuchotaient entre eux. J'ai reconnu la voix de Mathéo :

— Allez, Alexis ! Allez, Alexis !

Ces quelques efforts étaient déjà plus que je ne me croyais capable de fournir.

Olivier a tapé ses mains bien à plat sur le tapis pour signaler à tous la réussite de ma prise, et, sous les applaudissements de mon frère et de quelques-uns de ses copains, j'ai roulé sur le côté pour permettre au professeur de se dégager.

J'étais en nage et tout heureux quand Rémi s'est approché à son tour.

— Tu me le laisses ? a-t-il demandé à Olivier avec un clin d'œil à mon intention.

Et puis, s'adressant à moi :

— J'espère que je ne me suis pas trop rouillé pendant les vacances ! Tu vas me dire ce que tu en penses ?

J'ai hoché la tête et nous avons roulé tous les deux sur le tapis, en une prise que je n'ai pas reconnue et qui n'existe peut-être d'ailleurs nulle part. Tout simplement parce qu'il n'existe peut-être nulle part ailleurs de judoka unijambiste.

Je me suis redressé, j'ai essuyé mon visage couvert de sueur dans mon kimono et j'ai levé les yeux pour me trouver nez à nez avec maman, qui me regardait avec l'air de ne pas y croire. Alors que je m'attendais à un « Tu es sûr que ça va ? » un peu inquiet, elle a juste murmuré :

— Bravo, Alexis.

12

Journal intime

Samedi 23 septembre 2017

RÉJANE

Quand j'étais petite, en CM1 peut-être, j'avais décidé un jour de rédiger un journal intime. Je suppose que je trouvais l'idée cool. J'avais acheté avec mon propre argent un joli cahier à la papeterie Maison de la presse où j'aimais traîner avec des copines après l'école pour regarder en douce les magazines people. Et le soir même, j'avais inscrit la date tout en haut de la première page et m'étais mise à écrire. Quoi ? Je ne m'en souviens plus. Ce que j'avais fait dans la journée, je suppose. L'école, les copines, la récré… Sauf que le lendemain, je n'avais pas su quoi écrire de nouveau. École, copines, récré. Quoi d'autre ? Bref, au bout d'une semaine, j'avais abandonné l'idée de ce journal, faute de savoir avec quoi le remplir.

Alors, quand notre avocate, maître Caty Richard, m'a suggéré de tenir un journal, sur lequel je noterais mon récit de l'accident, mes interrogations, et puis surtout

tout ce qui a changé dans notre vie depuis ce 7 août, j'ai d'abord trouvé l'idée très étrange. J'ai repensé à ce cahier de mon enfance, qui avait traîné longtemps sur mon bureau avant que je me décide à le jeter un jour de grand ménage. Depuis combien de temps n'avais-je pas tenu un stylo autrement que pour remplir des documents administratifs, faire des listes de courses ou aider les garçons à faire leurs devoirs ? Des années, sans doute, si l'on excepte les quelques cartes de vœux que j'écris chaque Noël aux plus âgés de la famille… Bien sûr, même si l'avocate avait suggéré l'idée du « journal », j'aurais très bien pu faire le choix de rédiger celui-ci sur mon ordinateur, ou même sur l'appli « Notes » de mon téléphone. Mais ce mot a évoqué le cahier de mon enfance, et c'est donc de nouveau sur un cahier d'écolier que j'ai décidé depuis quelques jours de tenir mon journal.

Jusqu'à présent, j'y ai surtout consigné des faits – les interventions chirurgicales, nos nombreux allers-retours à Kerpape, les progrès d'Alexis…

Mais ce soir, je ressens pour la première fois un véritable *besoin* d'écrire. C'est une nécessité, qui s'impose à moi de toute urgence. Après avoir couché Romain, et sous prétexte de leur octroyer une soirée entre hommes, je laisse Gaëtan devant la télé avec Alexis et Mathéo et je m'enferme dans ma chambre avec mon cahier et mon stylo.

Je souris à l'image de moi que je renvoie : assise en tailleur sur le lit, le cahier entre les jambes, j'ai l'air d'avoir de nouveau quinze ans. Sauf que ce ne sont pas des rêves ou des espoirs que je confie ce soir à mon journal, mais l'angoisse d'une maman qui enrage d'impuissance face à un accident qui a mis sens dessus dessous la vie de son fils de douze ans.

Samedi 23 septembre

Alexis fait d'énormes progrès. Il reste toujours positif et son premier essai de prothèse, avant-hier, a été concluant. Il était même heureux de pouvoir marcher... On n'a pas choisi cette prothèse : c'est une prothèse de travail qui lui sert à réapprendre à marcher.
Vendredi dernier, il a accompagné son frère au judo. Il est allé sur le tatami, parmi ses amis judokas. Il était ravi.

Je serre quelques instants le crayon entre mon pouce et mon index, à m'en faire blanchir les jointures. Depuis la semaine dernière, et cette séance au judo, la colère ne m'a en réalité pas quittée. Pourtant, Alexis était très heureux à notre retour à la maison. Fier, même, quand il a raconté ses exploits à son père, et je n'étais d'ailleurs pas en reste pour le féliciter. Alors, qu'est-ce qui cloche ?

Mais forcément, en tant que maman, je me dis que si cette dame n'avait pas perdu le contrôle de sa voiture, on n'en serait pas là : à être ébahis devant lui parce qu'il a fait trois roulades sur le tatami. Si Alexis n'avait pas été au mauvais endroit au mauvais moment, je l'aurais tout simplement déposé au club et je serais revenue

le chercher une heure après. Comme avant. Comme le font toutes les autres mamans.
Hier soir, samedi, c'était l'anniversaire de ma sœur. Tout le monde dansait, tout le monde s'amusait. Tout le monde ? Alexis, parce qu'il ne voulait pas être en reste ou bien par délicatesse (je le connais, il est tout à fait capable d'avoir fait ça pour ne pas nous gâcher notre soirée à nous, parce qu'il savait que ça m'aurait fait mal au cœur de le voir cloué dans son fauteuil toute la soirée), Alexis a essayé de danser, lui aussi. Il n'a pas refusé l'invitation de Charlène qui lui tendait les bras.

Je revois la scène et des larmes coulent sur mes joues. Et jusque sur mon cahier, mais tant pis, j'ai besoin de raconter ça, parce que ce n'est pas juste, et parce que je ne peux le dire à personne : je dois être forte pour Gaëtan, et surtout pour Alexis qui a besoin d'encouragements et de soutien. Pas d'une mère qui part en vrille.

Je le regardais du coin de l'œil, mine de rien. Allait-il réussir ne serait-ce qu'à esquisser quelques pas, soutenu par sa tante ? Il a passé ses mains autour de son cou et... voilà, c'est tout. Impossible pour lui de danser, alors qu'il adorait ça jusqu'à présent.
Ce soir, ça me prend aux tripes. Alexis, je voudrais tellement que tu aies encore tes deux jambes ! Je donnerais tout pour que tu aies encore tes deux jambes. Mais il n'y a rien que

je puisse faire et que je n'aie pas déjà fait. Je n'ai rien d'autre à donner, Alexis.

Lundi 25 septembre

Le matin, depuis la rentrée, j'entends son car passer devant la maison. Alors, je sais qu'il est sept heures. Chaque fois, mon cœur se serre. Je me demande quand il le reprendra de nouveau. Pourra-t-il même un jour le reprendre ? Encore une question sans réponse.

J'imagine sa journée là-bas, à Kerpape. Alexis aime bien les cours. Il dit que ça fait bizarre, une classe avec si peu de monde, mais pour suivre, c'est l'idéal ! Il aime tout le monde et s'est adapté à toute vitesse !

Ce week-end, il était déçu de n'avoir toujours pas commencé l'espagnol : il n'y a pas encore de prof. Est-ce que ça va être réglé cette semaine ?

Le midi, il retourne dans son pôle et retrouve les autres enfants du service.

Le soir, il doit se coucher au plus tard à 20 h 30 – ça doit le changer de la maison ! Alexis est un sacré couche-tard. Pas question de traîner à Kerpape : entre les devoirs, regarder des vidéos sur le portable et nous appeler, la soirée est vite passée.

Mais il a droit à une « permanence » dans la semaine. Et là, il va avec Aurélien côté adultes et ils se font livrer une pizza. Bon, ce n'est pas la folie non plus : ils ont la permission de... 21 h 30. J'imagine les deux garçons là-bas, pendant leur soirée pizza. Avec leur peau mate et leurs yeux sombres, est-ce qu'ils ne se ressembleraient pas un peu, tous les deux ?

Adossée contre les oreillers de notre grand lit, je pose mon crayon et relis ce que je viens d'écrire. À quoi ça sert ? À rien. C'est juste que j'ai besoin d'imaginer Alexis là-bas. Pourquoi ? Me prouver que je ne l'ai pas abandonné ? Que je suis une bonne mère ? Tu parles…

Mercredi, c'est encore maman qui ira lui rendre visite. Comme mercredi dernier. La semaine dernière, c'était parce que je travaillais. Et cette semaine, c'est Gaëtan qui est pris à son travail. Du coup, je reste ici pour m'occuper de Mathéo et de Romain. Si j'étais une bonne mère…

Quoi ? Je me couperais en deux ? Je m'arrangerais pour être à deux endroits à la fois ? Ben oui, c'est ça, toute bonne mère qui se respecte devrait avoir le don d'ubiquité… Je hausse les épaules. Tant pis pour les ratures ! Je reprends mon cahier. Mon *journal* :

Mercredi, c'est encore maman qui ira lui rendre visite. Comme mercredi dernier. La semaine dernière, c'était parce que je travaillais. Et cette semaine, c'est Gaëtan qui est pris à son travail. Du coup, je reste ici pour m'occuper de Mathéo et de Romain. ~~Si j'étais une bonne mère…~~
Je culpabilise de faire des choses sans lui. Alexis me manque terriblement.

La maison est vide depuis qu'il n'est plus là. La famille n'est plus pareille depuis l'accident. Alexis a été amputé de sa jambe, mais nous, on a tous été amputés d'un membre. On a tous été coupés d'Alexis et on souffre à travers lui comme lui souffre de sa jambe absente. Voilà, c'est ça : on est une famille amputée.

Mercredi 4 octobre

Les questions sont de plus en plus présentes sur son avenir. Samedi, je l'ai fait pleurer en lui disant qu'il fallait qu'il oublie les rêves qu'il avait avant. Que tout ça, c'était du passé.
Qu'est-ce qui m'a pris ? Pourtant, en rééducation, il fait toujours du tricycle, et avec plaisir. Il adore la piscine et toutes les séances de sport. Et il se débrouille aussi en kiné, surtout la marche avec la prothèse. Il a également fait – incroyable, mais vrai ! – de l'escalade, joué au ping-pong, et même au badminton...
Mais la vérité, c'est qu'Alexis était persuadé qu'une fois sa prothèse mise, il repartirait comme avant. Et même si j'essayais de tempérer ses ardeurs, moi aussi, je suis tombée de haut quand j'ai assisté à ses premiers essais. Il était tendu, tout raide. Et il regardait ses pieds comme s'il n'était plus capable de fixer autre chose. On aurait dit qu'il était monté sur des échasses, pas qu'il avait une nouvelle jambe !
Est-ce que ça va durer longtemps comme ça ?
Bref, en général, j'essaie de rester positive.

Mais là, j'ai craqué. Je ne voulais pas lui faire de peine. Mais je ne voulais pas lui mentir non plus. Alors, quand il a commencé à parler de vélo, de reprendre l'entraînement, etc., je lui ai dit la vérité : que ça n'était pas près d'arriver – si jamais ça arrive même un jour, ce qu'en mon for intérieur je ne crois pas.
Il n'a pas protesté, n'a pas essayé d'argumenter. Il s'est juste mis à pleurer.
Je n'avais pas compris à quel point c'est difficile pour lui. À quel point il a besoin de continuer à rêver pour avancer. Qu'est-ce que j'ai fait ? Pourquoi ai-je brisé ses rêves ?
Quand j'ai tenté ensuite de le consoler, il m'a repoussée.

Mercredi 11 octobre

Le mercredi matin, en faisant le ménage ou un peu de rangement, j'aime bien écouter la radio. Ce matin, l'émission parlait de « faire son deuil », dans tous les sens du terme : faire son deuil d'une personne proche qui est morte, mais aussi faire son deuil de certains rêves qu'on ne réalisera pas, ou accepter qu'on ne sera jamais la personne qu'on avait rêvé d'être, des trucs comme ça. Du coup, j'ai dressé l'oreille et monté le volume. Selon le psychiatre qui était invité de l'émission, le deuil se compose de cinq étapes : le déni, la colère, la négociation, la dépression et l'acceptation.

À la fin de l'émission, j'ai éteint la radio et me suis mise à passer l'aspirateur dans tout le rez-de-chaussée.

Je réfléchissais à ce que je venais d'entendre. Je me demandais : j'en suis où, moi, de mon deuil ? Le déni, oui, j'étais passée par là au tout début, quand je n'arrivais pas à y croire. Quand je ne *voulais* pas y croire, malgré l'appel de Sam, malgré les mots de Mathéo : *On va lui mettre une fausse jambe.* La colère ? Parfois, elle ressurgit, mais aujourd'hui, j'en suis revenue. À quoi bon ? Pour le reste, eh bien, je ne savais pas trop. Négocier ? Qu'est-ce que ça veut dire ? Et puis, négocier avec quoi ? Avec qui ? Quant à la dépression, *non.* Je ne veux même pas y penser. *Je n'en ai pas le droit.* Mais de là à parler d'acceptation… Non, c'est sûr, je n'en suis pas encore là.

J'étais en train de ranger l'aspirateur quand je me suis dit : *Et de quel droit, d'abord ?* De quel droit cet homme, tout médecin qu'il est, pourrait-il me dire ce que je dois ressentir ? Me dicter des étapes, comme si j'étais une machine qui allait suivre bien sagement une procédure écrite par avance ? Et puis, soudain, cette pensée dont la fulgurance m'a traversée de part en part : *Et si je n'acceptais jamais ?*

J'ai laissé là mon aspirateur et mon ménage, et ai ressorti mon journal. Je n'ai écrit que quelques lignes.

Hier, la kiné m'a appelée pour envisager avec nous l'achat d'un fauteuil en complément de la prothèse.
« Fauteuil », « prothèse », « moignon », on n'a plus que ces mots à la bouche à la maison. Moi, je vais vous dire une chose : ces histoires de faire son deuil, ces prétendues étapes, qu'il y en ait 5 ou bien 10, ce sont des conneries

monumentales. Il n'y a pas d'étapes. Il n'y a qu'une chute, brutale. Comme un saut en parachute sans parachute.

Dimanche 15 octobre

Et Alexis, où en est-il ? Et si *lui* n'acceptait jamais ? Parce que ces foutues étapes, on dirait bien qu'il les a parcourues à l'envers, lui. Depuis plusieurs semaines, il était étrangement volontaire, comme s'il avait décidé que ça ne sert à rien de lutter contre l'irréparable. Il acceptait tout avec le sourire, l'éloignement à Kerpape toute la semaine, la rééducation, les efforts à fournir pour tout et en permanence. Sans doute que monsieur le psychiatre de la radio l'aurait félicité s'il l'avait vu : « Bravo, mon grand, tu as parcouru les quatre premières étapes à pas de géant. Te voilà déjà arrivé tout au bout, la cinquième étape : la résignation » – ou l'acceptation, quel que soit le nom qu'on lui donne.

Sauf qu'aujourd'hui, Alexis a craqué ; et pas qu'un peu.

Dimanche 15 octobre

Ce qui devait arriver arriva : aujourd'hui, Alexis a craqué. Il ne comprend pas pourquoi ça lui arrive à lui. Il en a marre d'être loin toute la semaine, de ne plus pouvoir faire de sport avec ses potes, aller au collège, faire des choses qu'on fait à douze ans, quoi. Ce matin, il ajoute qu'il ne voit aucun avantage à ce qui lui est arrivé.

Des avantages ? Mais quelle idée ! Je n'ai pas su quoi répondre à part :
— On n'a rien demandé à personne, mon chat, rien du tout.
Mais Alexis nous a bien sûr entendus parler, Gaëtan et moi. Depuis des semaines, entre nous, il n'est plus question que d'opérations et de transfusion, de prothèses et de fauteuil roulant, mais aussi d'avocat et d'assurance. Alors, il a ajouté :
— J'ai peur de ce qui va se passer, maintenant. L'assurance, le procès, tout ça...
Mon sang n'a fait qu'un tour :
— Mais de quoi parles-tu ? Tu n'y es pour rien ! Tu es une victime, Alexis. Une victime !
Il a baissé les yeux et poursuivi d'une toute petite voix :
— Et si... Et si l'assurance de la vieille dame cherche à prouver que je suis en tort ? À dire... je ne sais pas, moi... que j'étais au milieu de la route ou un truc comme ça ?
J'ai voulu le raisonner :
— Enfin, ça n'a pas de sens ! Arrête de te faire des idées, veux-tu ? Tu as bien assez de soucis comme ça.
Et c'est là que mon grand garçon de douze ans a craqué. Il s'est mis à sangloter, vaincu par l'angoisse, le stress et la souffrance.

Mardi 17 octobre

Ce soir, j'emmène Mathéo au judo. Romain m'accompagne. Comme il fait mauvais et que je n'ai rien d'autre à faire, j'ai décidé qu'on attendrait tous les deux sur place la fin du cours. Rapidement, Romain s'ennuie, et une autre maman qui est là lui propose une feuille et des crayons pour dessiner. Romain dessine quatre bonshommes et me tend le papier, très fier, en disant :

— Là, c'est papa, ici, maman. Et puis Mathéo et Romain. Voilà, on est tous là.

Comment ça, on est tous là ? Mon cœur se déchire et j'ai envie de crier :

— Et Alexis ? Tu oublies Alexis ?

Romain a trois ans. Il ne voit plus son grand frère pendant la semaine. Alexis ne fait plus partie de sa vie quotidienne. Dans son esprit de petit garçon, c'est comme s'il ne faisait plus partie de la famille.

Samedi 21 octobre

Ce soir, je ne trouve pas Alexis dans son lit quand je passe lui dire bonsoir. J'ai un moment d'inquiétude. Est-ce qu'il lui est arrivé quelque chose dans la douche ?

— Alexis ? Alexis ?

Pas de réponse.

Je passe la tête dans la chambre de Mathéo… qui est vide également.

— Alexis, j'appelle en essayant de contenir l'émotion dans ma voix, Alexis, est-ce que tout va bien ?

Des rires étouffés proviennent de ma chambre, au bout du couloir. Je pousse la porte et trouve les deux frères installés dans notre lit, à Gaëtan et moi. Tous les deux, allongés sur le dos, leurs têtes brunes posées sur le même oreiller, sont en train de lire un manga. Je les regarde depuis le seuil de la chambre et toute envie de râler après Alexis pour la frayeur qu'il m'a faite s'évanouit d'un seul coup. J'ai l'impression, soudain, que tout est comme avant : Romain qui dort dans la chambre à côté, Alexis et Mathéo bouquinent sous notre couette… Mais non, c'est juste une illusion.

Comment peut-on croire que tout est comme avant quand, chaque fois qu'il veut prendre une douche, par exemple – une simple douche de rien du tout –, Alexis doit se traîner sur les fesses ou bien y aller clopin-clopant sur ses béquilles ? Quand il doit demander de l'aide pour tout, ou presque, comme si, à l'âge où il aurait dû commencer à devenir indépendant, il était redevenu un bébé ?

Pour l'heure, je décide de passer outre mes pensées noires et je rejoins mes deux grands dans mon lit. Ils se serrent pour me faire une petite place, et, l'espace d'un instant, je me sens bien. Juste bien, comme je ne l'ai pas été depuis longtemps, au chaud avec mes garçons, protégés par la couette et l'illusion que rien ne peut nous arriver désormais.

Des pas dans l'escalier annoncent la prochaine arrivée de Gaëtan. Il a terminé sans doute de ranger les factures dans le bureau et descend me rejoindre. Au bruit que font ses pas qui se rapprochent, Alexis et Mathéo se mettent à pouffer. Pas un mot n'est échangé entre mes deux garçons, mais il n'a pas fallu plus de quelques minutes de proximité entre le grand frère de douze ans et son cadet de neuf ans pour qu'ils retrouvent leur complicité d'antan. Juste avant que la poignée ne s'abaisse, les deux garçons se coulent en silence sous la couette. Ils s'aplatissent de part et d'autre de moi, sans un bruit, attendant la réaction de leur père, comme quand ils étaient petits.

— Réjane, tu n'as pas vu les garçons ? demande Gaëtan le plus sérieusement du monde en entrant dans la chambre.

Bluffe-t-il ? C'est possible, Gaëtan est le roi du bluff.

— C'est bizarre, poursuit mon mari en faisant deux pas vers le lit, je suis passé voir Alexis et Mathéo, et aucun des deux n'est dans sa chambre.

— Oui, je réponds, sans grande conviction, j'ai vu aussi. Je suppose qu'ils se préparent dans la salle de bains…

Contre moi, je sens Alexis se raidir tandis que de l'autre côté, Mathéo commence à se tortiller d'impatience et de crainte mêlées. Il fait entendre un petit rire étouffé. Je lui donne un tout petit coup de la pointe du pied pour lui enjoindre le silence. Gaëtan enlève son pull comme il le fait toujours, en croisant les bras et en le passant par-dessus sa tête. L'impassibilité de son visage ne me permet pas de deviner s'il joue la comédie.

— Bon, il est tard, il ne faut pas qu'ils traînent quand même, fait-il en entrouvrant de nouveau la porte de la chambre.

Puis, passant la tête par l'embrasure et s'adressant au couloir vide :

— Oh ! les garçons ? Tout le monde au lit, couvre-feu dans cinq minutes.

Sous la couette, Alexis réprime à grand-peine un éclat de rire… avant de pousser un cri : Gaëtan, d'un bond, est rentré dans la chambre dont il a refermé la porte sans bruit et a sauté sur le lit. Il chatouille les garçons qui hoquettent de joie. Prise entre deux feux, je ne parviens pas à éviter pieds et poings qui volent. Waouh ! c'est qu'ils ont grandi, mes deux gaillards, depuis la dernière fois qu'on avait joué à ce jeu-là ! Je risque d'avoir quelques bleus demain, mais je m'en moque. Qu'on est bien tous ensemble ! C'est comme si on m'avait enlevé le poids qui depuis des semaines m'oppresse la poitrine. Bien sûr que si : tout est comme avant…

C'est alors que Mathéo sort une tête tout échevelée de sous la couette et constate que la porte de la chambre est fermée. Mathéo est comme moi : il a horreur des portes fermées.

— Maman, demande-t-il tout en luttant contre les chatouilles de son père, tu peux ouvrir la porte, s'il te plaît ?

J'ai la flemme de sortir de ce lit si confortable, peur aussi qu'en me levant, je mette un terme à ce moment unique. Je ne veux pas que ça s'arrête.

— Allez, maman, insiste Mathéo. Ouvre la porte, j'en peux plus d'être enfermé.

Puis, se tournant vers Alexis :

— Vas-y, toi, j'ai horreur d'être enfermé. Tu peux aller ouvrir la porte, s'il te plaît ?

Dans le lit, Alexis se fige. Gaëtan, qui s'apprêtait à s'abattre sur Alexis pour un dernier round de chatouilles, suspend son mouvement. Mathéo, qui a pris conscience de sa gaffe, pose une main sur sa bouche, en un geste dérisoire, comme pour retenir les mots qui ont trop vite franchi ses lèvres.

— Je voudrais bien, dit Alexis qui s'est assis dans le lit. Je voudrais bien, mais je ne peux pas marcher jusqu'à la porte.

Samedi 21 octobre

Pourquoi, pourquoi, pourquoi ?

13

Reconstitution

Mardi 7 novembre 2017

RÉJANE

Sur mon agenda, à la date d'aujourd'hui, j'ai noté au crayon rouge : *Rdv à Kerpape, 15 h 30*. Cette fois, ce n'est pas un rendez-vous de psychologue ni de kiné, pas une réunion parents-profs non plus.

C'est un rendez-vous avec la gendarmerie.

Je suis partie directement après mon travail. Gaëtan me rejoint là-bas avec les garçons. Les gendarmes ont bien insisté : c'est important qu'on soit tous là. Je n'ai pas caché ma surprise au sous-officier qui m'a appelée il y a une quinzaine de jours :

— Même Romain ?

— Oui, même Romain.

— Mais… il n'a que trois ans et il n'était pas présent sur les lieux le jour de l'accident…

— Je sais, mais ce sera mieux si vous êtes là tous les cinq.

Je n'ai pas insisté davantage :

— Très bien, nous serons tous présents, dans ce cas.

Il est trois heures et quart quand je me gare sur le parking du centre de rééducation. Un rapide coup d'œil sur les véhicules stationnés me permet de vérifier que je suis bien arrivée la première. *Tant mieux, je vais pouvoir passer un petit moment seule avec Alexis !* Mais au moment où je sors de l'habitacle, j'aperçois la voiture bleue et blanche de la gendarmerie. J'allume l'écran de mon téléphone pour regarder l'heure. Mais non, je ne suis pas arrivée en retard. Ce sont donc eux qui sont en avance. *Pourquoi ça ?*

Je sais qu'Alexis appréhendait ce rendez-vous. Il culpabilise depuis l'accident. Se sent responsable de ce qui lui est arrivé, se fait grief de torts absurdes, imagine même parfois la situation se retourner contre lui et, de victime, se retrouver coupable.

— Mais enfin, coupable de quoi ? lui avais-je demandé avec une voix qui montait un peu trop dans les aigus.

C'était samedi dernier et je l'avais trouvé assis sur son lit, le regard fixé droit devant lui, comme il fait quand ça ne va pas. Il n'avait pas même détourné la tête quand j'étais entrée dans la pièce.

— J'aurais pas dû, avait-il murmuré sans cesser son mouvement de balancier.

Ce n'était pas la première fois qu'on avait cette conversation, mais je n'étais pas vraiment d'humeur à remettre ça sur le tapis. Chaque fois, ça me rend malade, de voir mon grand garçon tout chamboulé. J'ai horreur de ça, quand il ressasse au point de se mettre la tête sens dessus dessous. Je m'étais assise sur le lit à côté de lui en soupirant.

— Alexis, on en a parlé plein de fois. Bien sûr, si tu n'avais pas été là, à ce moment-là, rien de tout ça ne serait arrivé. Mais tu avais le droit *d'être là.* Ce n'est pas toi le coupable !

— Parfois, j'ai l'impression que si. Je me sens coupable en tout cas !

— Mais enfin, coupable de quoi ?

Alexis avait gardé le silence un long moment. Puis il avait haussé les épaules, sans quitter des yeux le mur blanc de sa chambre.

— Ben... de la vie que vous avez tous les quatre depuis trois mois, par exemple. Et ça, c'est à cause de moi.

Alors, quand je vois la voiture de la gendarmerie, je presse le pas. J'imagine déjà Alexis faisant face à deux flics inquisiteurs, en train de leur expliquer que tout ça est sa faute et... J'appuie trois fois sur le bouton de l'ascenseur – la chambre d'Alexis est au premier étage maintenant – et m'apprête à m'engouffrer dans l'escalier quand enfin la double porte s'ouvre.

Mais quand j'entre dans la chambre, je suis soulagée en m'apercevant qu'il n'y a qu'un seul gendarme, un homme avenant d'une quarantaine d'années, qui discute tranquillement avec Alexis. Il se lève et se présente :

— Bonjour, madame, je suis heureux de vous rencontrer, me dit-il en se levant. Je suis l'adjudant Yann L. M., nous nous sommes déjà parlé au téléphone.

— Réjane Bellanger, la maman d'Alexis, dis-je en serrant la main qu'il me tend.

C'est la première fois que je le rencontre, car quand Gaëtan était allé faire le dépôt de plainte avec Mathéo au mois d'août, j'étais restée auprès d'Alexis qui était encore hospitalisé à Brest.

Des bruits de pas dans le couloir et des voix étouffées signalent l'arrivée de Gaëtan avec les deux garçons. Une éducatrice les accompagne, qui nous propose de nous installer dans une salle famille. Nous déménageons donc tous les six pour une pièce plus vaste, dans laquelle nous serons plus à l'aise et surtout mieux installés pour parler.

Dans le courant du mois d'août, la reconstitution de l'accident avait été faite avec ma maman, les gendarmes et un témoin de l'accident. Alexis était trop faible pour participer. Quant à Mathéo, on avait estimé qu'il était trop jeune et trop bouleversé par tous ces événements, et on avait préféré lui épargner tout ça. Aujourd'hui, Yann L. M. est donc là pour prendre la déposition d'Alexis.

Nous prenons tous place autour d'une table, sur des chaises en métal peintes de couleurs différentes. Je tire de mon sac le cahier de coloriage et les crayons que j'ai apportés pour aider Romain à patienter. L'éducatrice nous propose un verre d'eau avant de quitter la pièce.

— Donc, dit le gendarme en se tournant vers Alexis qui s'est spontanément assis à côté de lui, à part d'être allé acheter des jeux le matin avec ta grand-mère, tu ne te souviens de rien ?

— Rien du tout, confirme Alexis. J'espérais que les souvenirs allaient revenir, mais non. Je me souviens pourtant parfaitement de la journée de la veille. Mais du jour de l'accident, j'ai juste ce souvenir d'être retourné avec mamie au café-bureau de tabac pour acheter des cartes à gratter.

Alexis fait une pause et on est tous suspendus à ses lèvres. J'espère sans y croire vraiment que quelque chose va lui revenir, un détail, un déclic. Mais non. Il se racle la gorge et poursuit, comme si ça expliquait que seul cet élément surnage à la surface :

— On y allait souvent, au bureau de tabac. La veille, j'avais déjà acheté un Illiko et j'avais perdu. Mathéo, mamie et moi, on s'était dit, je ne sais plus pourquoi, que ce jour-là, le 4 août, ce serait notre jour de chance. (Il respire un grand coup.) Et puis en fait… non.

On se tait tous quelques instants, parce que personne ne sait quoi dire. Je sors un mouchoir pour essuyer les larmes au coin de mes yeux.

L'adjudant ouvre la pochette bleue qu'il a posée devant lui. Il étale quelques photos sur la table. Gaëtan me serre la main tandis que le gendarme explique, en parlant tout doucement :

— Ce sont des photos qui ont été prises lors de la reconstitution. Elles sont importantes pour comprendre ce qui s'est passé exactement ce jour-là, savoir où chacun se trouvait, d'où venait la voiture et comment elle roulait, etc.

Tout en parlant, il fait glisser un premier tirage sur la surface lisse de la table. Le gendarme précise :

— Les photos sont prises depuis un angle qui va peut-être vous paraître étrange. En fait, elles ont été réalisées du point de vue de la conductrice. Il fallait, pour la reconstitution, qu'on photographie la route depuis son point de vue à elle.

Et en effet, je reconnais la route qui serpente, le muret qui surplombe la mer étale, loin en contrebas. Je tourne la photo vers Alexis :

— Ça te dit quelque chose ? Le camping se trouve juste à côté de la grande maison qu'on aperçoit là, sur la droite.

Mais Alexis fait la moue en secouant la tête de droite à gauche. Non, il ne reconnaît rien. Tout ce qui s'est passé ce jour-là a été effacé de sa mémoire.

Le gendarme montre ensuite les photos suivantes. On y voit l'endroit depuis lequel la dame est arrivée, la route qui dessine un lacet et qu'elle quitte à plusieurs reprises. Il explique, en posant l'index sur la route qui fait un coude sur elle-même :

— Sa vitesse était excessive étant donné la configuration des lieux. Cette dame avait l'habitude de venir regarder la mer depuis un point de vue un peu plus haut, mais elle ne prenait jamais cette route pour redescendre. C'est la première fois qu'elle l'empruntait…

Des traits tirés à la peinture orange matérialisent l'endroit où se tenaient maman, Alexis et Mathéo, tout contre le muret de pierre. Un peu plus loin, un quatrième trait que j'effleure en levant les yeux vers l'adjudant. Il répond à ma question muette :

— C'est l'endroit où Alexis a été percuté par la voiture, avant d'être traîné jusque-là…

Son doigt court le long du muret jusqu'à un cinquième trait vertical orange. *C'est là, entre ces deux traits, qu'Alexis a perdu sa jambe.*

— Alexis a été traîné sur cette distance avant d'être de nouveau percuté contre le mur et de basculer par-dessus. Dans les interstices de la pierre, lors de la reconstitution, on a retrouvé des morceaux du short que tu portais, dit-il à Alexis doucement.

Je sais qu'il y avait du sang aussi, et des fragments d'os, mais je comprends que c'est par respect pour Alexis qu'il ne le dit pas et intérieurement, je le remercie.

Suivent deux photos : l'escalier qu'ils ont emprunté tous les trois en venant du camping pour monter jusqu'à la route avant d'atteindre le sentier côtier. Ce même escalier que Mathéo a redescendu à toute vitesse pour rejoindre Alexis, qui gisait, inconscient, en contrebas, à un endroit que marque de nouveau un trait de peinture sur la dernière photo.

Tout cela me semble tour à tour irréel et terriblement choquant.

J'aimerais quitter la pièce, mais je ne peux pas. Il faut qu'on affronte ça, ce récit, tous ensemble. Je presse plus fort les doigts de Gaëtan qui tient toujours ma main dans la sienne. Parce que ce qui va suivre, je sais que je ne veux pas l'entendre.

— Comme vous le savez, poursuit le gendarme sans regarder personne en particulier, la conductrice maintient la version qu'elle a racontée juste après l'accident.

Il marque un temps.

— Elle dit ne pas avoir vu les trois piétons. Personne, à part un chien sur la route, qu'elle a voulu éviter.

Romain, qu'on n'a pas entendu jusqu'à présent, lève les yeux de son coloriage.

— Le chien, il s'appelle Louna, dit-il avec un grand sourire, comme si c'était le nom que tout le monde cherchait.

14
Solidarité en réseau

Dimanche 12 novembre 2017

ALEXIS

Cagnotte. J'aime bien ce mot, qui évoque pour moi un écureuil roux avec sa queue en panache. Je n'en ai pas vu souvent en vrai. Une fois, quand j'étais petit, j'en avais aperçu un particulièrement effronté qui s'était introduit parmi les mobile homes, à Moëlan-sur-Mer. Il s'était enfui à mon approche, emportant son larcin entre ses pattes de devant. Il paraît qu'on peut en voir parfois, tôt le matin à Kerpape, qui traversent la pelouse à toute vitesse. Moi, je n'en ai jamais vu depuis que je suis là-bas. À croire que je ne me lève pas assez tôt !

En tout cas, chaque fois que papa ou maman évoque en ma présence la fameuse cagnotte Leetchi qui a été mise en ligne pour moi l'été dernier, j'imagine un écureuil qui met de côté plein de trésors pour l'hiver, en vue des jours plus durs.

Le 31 août, il y a eu un article dans les pages locales d'*Ouest-France.* La journaliste y racontait l'accident, l'hospitalisation à Brest et les débuts de la rééducation à Kerpape. Je me souviens qu'elle avait mentionné en particulier mon grand exploit du moment : apprendre à monter et descendre quelques marches en faisant basculer le fauteuil sur ses deux roues arrière. « Alexis prépare sa convalescence avec la détermination d'un athlète », pouvait-on lire. Sur le moment, ça m'avait paru un peu *too much…* La vérité, même si j'essayais de ne pas le laisser paraître, c'est que j'étais très abattu les premiers jours là-bas. Et en même temps, de lire ça dans le journal, de découvrir cet article qui faisait de moi un battant, ça m'avait permis de relire mon histoire depuis un autre point de vue. Parce que l'article ne cherchait pas à apitoyer sur mon sort. Au contraire, il insistait sur toutes les bonnes choses qui m'étaient arrivées depuis l'accident : les encouragements reçus de la part de la communauté cycliste, les maillots offerts, les visites… Du coup, ça m'avait donné envie de me battre, justement. Et comme l'article parlait de la cagnotte, les dons s'étaient mis à affluer – amis, famille, cyclistes, associations, anonymes touchés par mon histoire… Les dons, mais aussi les manifestations de soutien en tout genre.

Par exemple, juste avant les vacances de la Toussaint, le cross de mon ancien collège Yves-Coppens, à Malestroit, m'a été dédié. Tous les élèves de ma classe portaient un tee-shirt jaune fluo avec le même logo : « Le collège Yves-Coppens avec Alexis ». Après, ils ont tous signé au feutre sur le tee-shirt et me l'ont offert. De temps en temps, je m'amuse à chercher les prénoms de mes copains. Kilian, Loïc, Enzo… Bien sûr, Nell et

Lindsay, toujours inséparables, ont signé côte à côte. Certains, surtout des filles, ont dessiné une fleur ou un smiley qui sourit.

J'ai reçu aussi de nouveaux maillots par la poste. Celui de Cofidis de la part de Julien Simon – encore un coureur breton ! –, celui de Delko aussi par courrier. Une jeune fille dont papa connaît le père a un jour sonné à la porte : elle m'offrait le maillot bleu au trèfle de l'équipe féminine de la Française des jeux ! Celui de Cyril Gauthier m'a aussi été apporté par un monsieur qui le connaît et qui avait lu mon histoire dans le journal.

Même papi, qui est un fan de vélo, s'y est mis et m'a apporté celui de son club, avec son autographe, s'il vous plaît.

C'est comme si tout d'un coup notre famille s'était agrandie ! Hier soir, après une journée incroyable en compagnie du champion de cyclo-cross Steve Chainel et de son équipe, nous avons été invités tous les cinq à l'assemblée générale du fan-club de Benoît Vaugrenard. Tous les ans, en septembre, le fan-club organise « La Benoît Vaugrenard », une rando VTT et pédestre dans la région, dont tous les bénéfices sont reversés au profit d'enfants *handicapés*. Cette année, c'est Benoît lui-même qui avait demandé qu'un don soit fait pour moi.

Quand nous sommes arrivés dans la salle des fêtes de Péaule, c'était l'heure de l'apéritif. Il y avait plein de monde et beaucoup de bruit. J'étais très intimidé, j'avais peur de ne connaître personne, et puis j'appréhendais d'être mis en avant d'une manière ou d'une autre. Devoir monter sur une estrade, parler dans un micro, répondre à des questions… J'ai toujours eu horreur d'être sur la sellette, alors, être l'enfant *handicapé* du jour, celui à qui on allait faire un don et souhaiter un prompt rétablissement, ça ne me plaisait qu'à moitié.

En fait, tout s'est super bien passé. Benoît était content de me voir. Dès que nous sommes entrés, il m'a reconnu et s'est levé pour venir m'accueillir en ouvrant grand les bras.

— Incroyable, s'est-il exclamé, tu marches !

J'étais debout en effet, appuyé sur mes béquilles. Quand il était venu en septembre à la maison, je n'avais pas encore de prothèse. J'ai souri, intimidé. Je n'avais pas remarqué, la dernière fois, qu'il était si grand et si mince :

— Oui, je suis encore loin de pouvoir courir, mais il y a du mieux…

Il a passé une main dans ses cheveux poivre et sel coupés en brosse.

— C'est génial, tu veux dire ! Je suis impressionné et très heureux pour toi.

Et il avait l'air de l'être en effet, tout comme les gens autour de lui qui se sont levés pour m'accueillir. Il m'a donné une gentille tape sur l'épaule et m'a présenté :

— Alexis Bellanger, un cycliste prometteur.

D'un coup, toute ma timidité s'est envolée, et j'ai été surpris moi-même de la facilité avec laquelle j'ai répondu aux questions ou simplement discuté avec de parfaits inconnus. J'ai particulièrement apprécié la paëlla et ai reçu sans rougir, je crois, le chèque que l'association avait préparé à mon intention. Cinq cents euros. Waouuuh !

Et aujourd'hui, me voilà invité d'honneur de Steve Chainel pour assister à une course de cyclo-cross. Je mène une vraie vie de VIP ! Papa et Mathéo viennent avec moi. Aucun d'entre nous n'est jamais allé à une course de ce genre : notre monde à nous, c'est le cyclisme sur route, mais je dois avouer que l'entraînement auquel j'ai assisté hier m'a permis de vivre des sensations fortes par procuration. Moi qui dois sans cesse me battre avec mon corps qui ne m'obéit plus vraiment comme je voudrais, j'ai adoré voir ces types défier sur leurs vélos les lois de la pesanteur et s'envoler soudain comme si, juste pour eux, l'attraction terrestre avait cessé de fonctionner l'espace d'un instant.

Hier soir, j'ai cherché sur Internet s'il existe un championnat de cyclo-cross handisport, ou au moins des personnes qui pratiquent la discipline avec une prothèse, mais je n'ai rien trouvé. Trop dangereux ? Pas dans les habitudes ? Quoi qu'il en soit, c'est trop tôt encore, mais je serais bien tenté d'essayer un de ces quatre !

On arrive à La Mézière, en Ille-et-Vilaine, à une heure de route de la maison, bien avant le début de la course. Même si je suis en fauteuil, car la journée d'hier a été vraiment très fatigante, je me sens tout à fait à l'aise : hier, quand on est venus pour assister à l'entraînement, Steve nous a présenté toute son équipe. Il nous a offert, à Mathéo et moi, une casquette canyon, des posters de l'équipe avec autographe, et on a fait des photos tous ensemble avant de participer à la reconnaissance du circuit avec tous les coureurs.

Papa prend bien soin de trouver des endroits praticables pour que le fauteuil passe sans problème. Ça cahote un peu, mais je réussis à me débrouiller à peu près sans aide. Quand on approche du stand de l'équipe de Steve, un cycliste en tenue orange et noir s'arrête à notre hauteur et pose pied à terre. Ce n'est que quand il retire ses lunettes-visière que je reconnais le visage carré de Steve. Il m'adresse un sourire qui fait briller ses yeux clairs et me tend la main droite, poing fermé, pour un check amical.

— Salut, Alexis, content que tu sois là !

— Moi aussi ! dis-je en cognant mon poing contre le sien. J'espère que tout va bien se passer pour toi. Tu le sens bien ?

Il fait une petite moue :

— Bah, disons que je suis plutôt en forme, oui ! L'échauffement se passe bien, mais rien n'est joué d'avance. Il y a quelques gros morceaux dans les équipes concurrentes.

— Bon courage, j'espère que tu feras un podium.

— Si c'est le cas, tu montes avec moi ! dit-il en se remettant en selle.

— Ça marche !

Avec papa et Mathéo, je le regarde s'éloigner. Ce type est vraiment super sympa.

***

Incroyable, Steve a fait troisième ! Je suis hyper heureux pour lui. Content comme si j'avais remporté moi-même le podium !

On s'approche pour assister à la remise des médailles. Il y a beaucoup de monde et papa m'aide à me frayer un chemin. Pour éviter la foule, il a décidé de contourner le podium pour arriver par-derrière.

Quand nous approchons du podium, j'entends qu'on m'appelle.

— Alexis ? Est-ce qu'Alexis Bellanger est là ?

Papa répond pour moi en levant le bras :

— Oui, par ici !

Un jeune homme s'approche et me serre la main :

— Bonjour, Alexis, je suis le kiné de l'équipe. Steve m'a dit que tu aurais peut-être besoin d'un petit coup de main…

Un coup de main pour quoi ? Je dois ouvrir des yeux ronds comme des billes parce qu'il se marre et ajoute :

— … pour monter sur le podium, tu sais ?

Il se baisse et me fait signe de grimper sur son dos. J'observe quelques secondes ma monture improvisée. J'hésite. *Est-ce que c'est une blague ? Je vais vraiment monter sur le podium ?* Mais déjà papa me soulève et m'aide à m'installer sur le dos du jeune homme, qui me saisit fermement par les cuisses et se redresse presque sans effort.

Quelques instants plus tard, je suis debout au milieu du podium, face à la foule. Steve passe un bras sur mon épaule et me présente au public :

— Aujourd'hui, on a le plaisir d'avoir notre chouchou avec nous, c'est Alexis. Les Bretons, certains parmi vous le connaissent déjà, il a été victime d'un accident il y a…

Steve se tourne vers moi et me tend le micro. Les vainqueurs et les demoiselles d'honneur sur le podium, la foule en bas, tout le monde a les yeux braqués sur moi.

— … trois mois, je dis d'une voix mal assurée.

Heureusement, Steve enchaîne aussitôt :

— Maintenant, Alexis a une prothèse de jambe. Et j'aimerais vraiment que vous l'applaudissiez très fort pour lui donner du courage !

Aussitôt, les applaudissements retentissent. Partout autour de moi, je vois des visages qui me sourient, des pouces qui se tendent en l'air, et je me sens comme enveloppé, porté par tous ces bravos et ces signes de gentillesse.

Steve a toujours la main sur mon épaule. C'est à moi qu'il s'adresse quand il ajoute :

— Alexis, ce podium est pour toi !

Je suis beaucoup trop intimidé pour savoir quoi répondre, mais je suis sûr qu'il lit dans mes yeux qui brillent toute la gratitude et le bonheur que je ressens à ce moment.

À la descente du podium, un cycliste s'approche de moi. Ses cheveux forment un V haut sur son front : c'est le vainqueur de la course, Francis Mourey ! Il ôte son maillot bleu et blanc de leader de la Coupe de France, qu'il me tend :

— Tiens, mon grand, pour agrandir ta collection !

Dimanche 19 novembre 2017

Souvent, je suis gêné quand les gens que je rencontre me disent que je suis « une leçon de vie », admirent mon courage et ma force de caractère. Au fond de moi, je sais que je ne suis pas quelqu'un d'exceptionnel. J'avance comme tout le monde le ferait à ma place, comme le font tous ceux qui n'ont pas le choix.

Maman m'a interrogé hier sur les douleurs du membre fantôme. Elle prétend que je minimise mes souffrances pour ne pas l'inquiéter. C'est vrai que j'évite d'en parler. Je ne veux pas que tout tourne autour de moi, je ne veux pas que maman et papa culpabilisent des bons moments qu'ils passent en pensant que je souffre à côté d'eux. Et puis je veux, moi aussi, penser à autre chose, parce que je ne suis pas seulement ce mec avec une jambe en moins pour qui la vie est devenue une galère. Je suis toujours le grand frère rigolo, le pote sur qui on peut compter, le fils attentionné, le sportif et le bon élève.

Hier, je les ai tous fait marrer. Maman me parlait encore de ma jambe, sujet que j'avais envie d'éviter. Je l'ai prise par les épaules et l'ai regardée droit dans les yeux, comme si j'allais lui faire une confidence.

— Oh ! maman, il t'a fallu combien de temps pour me fabriquer ? Neuf mois, c'est ça ? Bon, alors, patiente un peu, dans quelques mois, j'aurai réussi à faire repousser ma jambe. Ça doit quand même pas être si sorcier que ça : tu es bien arrivée à fabriquer un bébé en entier, toi !

Elle a éclaté de rire et m'a serré dans ses bras. J'ai murmuré à son oreille :

— Allez, t'inquiète pas.

Mais en secret, je suis aussi le mec qui a peur. Peur de ne jamais pouvoir remonter sur un vélo. Peur de boiter toute ma vie. Peur de ne pas pouvoir quitter Kerpape et rentrer à la maison en janvier comme je l'espérais. Peur que personne ne m'aime jamais comme je suis devenu, avec une jambe en moins.

Et en secret, je souffre en permanence. Du regard des autres dès qu'il y a du monde, des douleurs du membre fantôme la nuit, et surtout de la belle prothèse toute neuve que j'attendais avec tellement d'impatience. Pourquoi tout est-il devenu si compliqué ? Je suis loin de pouvoir marcher convenablement avec ma prothèse. D'abord, je boite, ce qui me donne une démarche affreuse. Hier, on est allés faire une course en ville, maman et moi, et j'ai aperçu par hasard mon reflet dans une vitrine. Ou plutôt, j'ai aperçu le reflet d'un mec qui marchait à côté de maman, et dont tout le corps basculait sur le côté gauche à chaque pas. Mon cœur a fait un bond dans ma poitrine quand je me suis aperçu que ce mec à la démarche horrible, c'était moi. Et puis, la coque de la prothèse frotte sur ma cicatrice, qui devient de nouveau très sensible. Je suis obligé de la réajuster à tout moment sans que ce soit jamais satisfaisant.

Parfois, je me demande combien de temps je vais tenir comme ça, en serrant les dents.

***

Heureusement, il y a toutes ces nouvelles choses dans ma vie, toutes ces choses qui ne seraient jamais arrivées s'il n'y avait pas eu l'accident. C'est bizarre, de penser qu'en quelque sorte, l'accident est indirectement à l'origine de toutes ces belles rencontres et de ces trucs incroyables qui m'arrivent.

Quand j'y réfléchis, bien sûr, j'aimerais que l'accident ne soit jamais arrivé.

Mais si j'imagine ma vie sans l'accident, ma vie d'avant, je ressens un grand vide au fond de moi. Warren Barguil, Katell Alençon, Steve Chainel, Benoît Vaugrenard, Francis Mourey, Audrey Cordon-Ragot…

Quelle joie de les avoir rencontrés, d'être devenu leur ami ! Et puis il y a tous ces cyclistes qui, en m'envoyant des mots de soutien sur Facebook ou leurs maillots, m'ont prouvé que je fais partie d'une grande famille dans laquelle j'occupe désormais une place à part : Nicolas David, Julien Simon, Adrien Garel, Cyril Gauthier et même Bernard Hinault, qui était l'idole de papa quand il était petit !

Et aujourd'hui, il m'arrive encore un truc extraordinaire : Thibault, un pompier de Vannes qui a lu mon histoire dans le journal, a contacté maman il y a quelque temps. Est-ce que ça me ferait plaisir de visiter la caserne ? Maman n'a même pas pris la peine de m'en parler avant de donner sa réponse : bien sûr, j'allais adorer !

Me voilà donc de nouveau sur la route avec papa. Maman serait bien venue, je crois, mais elle est finalement restée à la maison avec Mathéo, qui n'avait pas fini ses devoirs, et Romain, grognon comme tout parce qu'il n'avait pas voulu faire la sieste.

Thibault nous accueille à notre arrivée rue Georges-Pompidou, où se trouve la caserne de Vannes. Je suis impressionné par l'étendue des lieux. Le jeune pompier rit en voyant mes grands yeux :

— Ah ! je parie que c'est plus grand que ta caserne Playmobil !

On suit Thibault qui nous explique la différence entre les centres d'intervention (petits), les centres de secours (de taille moyenne et en ville) et les centres de secours principaux, beaucoup plus vastes et mieux équipés, et qui couvrent de grandes villes, comme ici.

On commence la visite par les salles d'entraînement et de musculation. Les pompiers sont de vrais sportifs, ce qu'un coup d'œil à notre guide confirme : Thibault est manifestement en très bonne forme physique. J'aperçois aussi une pièce qui, avec son tableau blanc, ses tables et ses chaises alignées et son bureau, a tout d'une salle de classe.

— Vous avez des cours ?

— Pas vraiment des cours, mais des formations, oui. Par exemple, on a reçu un intervenant la semaine dernière qui nous a parlé des risques chimiques. Parce que les pompiers, ils ne sont pas seulement là pour le feu…

Thibault s'interrompt et me serre le bras. Il ajoute :

— … mais ça, tu le sais bien, hein ?

— Oui, je sais que les pompiers sont intervenus pour moi. Il y a même eu un hélicoptère, mais je n'en ai aucun souvenir. Moi qui rêvais de faire un tour en hélico, eh bien, j'ai tout oublié !

Thibault sourit.

— Il paraît que ça arrive souvent.

Il hésite avant d'ajouter :

— Et crois-moi, ça vaut mieux comme ça.

Vient enfin le moment que j'attends bien sûr avec la plus grande impatience : la visite des différents véhicules d'intervention. Quand on arrive dans le garage, je ne peux pas m'empêcher de pousser une exclamation de joie. Des dizaines de voitures et camions d'un rouge rutilant sont alignés. Waouuuuh ! J'en ai plein les yeux. Thibault explique :

— Tu vois, en fonction des interventions, on ne va pas utiliser le même type de véhicule. Chacun a sa spécificité. Ce genre de petit camion, tu dois en voir souvent…

Il désigne une fourgonnette Renault équipée de deux volets roulants sur le côté droit. Je hoche la tête.

— C'est ce qu'on appelle un VSR, véhicule de secours routier. Dedans, on peut mettre trois types comme moi, qui vont disposer de tout le nécessaire pour porter les premiers secours aux blessés, mais aussi baliser la route en cas d'accident et même intervenir, par exemple pour désincarcérer des personnes prisonnières de leur voiture.

Tout en parlant, Thibault a fait coulisser les volets métalliques pour dévoiler un ensemble de boutons, tubes, tuyaux ainsi que du matériel bien rangé.

— C'est un véritable petit hôpital de campagne doublé d'un atelier de mécanicien que tu as devant les yeux. Je ne peux pas faire démarrer le véhicule ici, mais figure-toi que le moteur à propulsion fournit l'énergie nécessaire pour faire fonctionner tout ça : compresseur pour les outils hydrauliques, pompe pour la lancette, et toute l'électricité dont on peut avoir besoin de façon générale sur le lieu de l'accident.

Je ne suis pas sûr de tout bien comprendre, mais en tout cas, je suis impressionné. Thibault en rajoute une couche :

— Et attention, ici (tout en parlant, il a actionné un mécanisme), c'est le gyromât. Un mât métallique, fermé durant les trajets, bien sûr, et qui se déploie quand on en a besoin. Il est muni d'un gros gyrophare et de trois projecteurs pour éclairer les lieux. Même en pleine nuit, on y voit comme en plein jour avec ça !

On se dirige ensuite vers un gros camion, que Thibault appelle un FPT. Il explique :

— C'est un fourgon pompe-tonne, un camion qu'on utilise pour lutter contre les feux en ville. L'alimentation en eau se fait en raccordant les tuyaux que tu vois là à une bouche incendie. On peut aussi pomper l'eau à une source présente sur le lieu d'intervention, un étang par exemple.

Je suis surpris :

— Tu veux dire que les camions de pompiers ne transportent pas d'eau ? Comment on fait pour les feux de forêt, quand il n'y a ni étang ni bouche d'incendie dans les parages ?

Thibault rigole.

— Eh bien, retourne-toi et tu auras la réponse.

Je pivote et me trouve nez à nez avec un magnifique camion-citerne.

— Voilà, je te présente le CCF. Tu l'as compris, on aime bien les sigles, chez les pompiers. CCF, ça veut dire, tout simplement, camion-citerne feux de forêt. Certains membres de cette famille peuvent contenir jusqu'à 13 000 litres d'eau. Celui-ci est plus petit, mais c'est déjà une belle bête.

Je m'approche du camion. Il est si beau que je tends la main pour le toucher. Thibault, qui a vu mon geste, m'interpelle :

— Ça te dirait, de faire sa connaissance d'un peu plus près ?

Un peu, que ça me dirait !

En moins de temps qu'il n'en faut pour le dire, le jeune pompier a bondi sur le marchepied. Il me saisit fermement par l'avant-bras tandis que papa arrive en soutien par-derrière. Hop ! me voilà installé au poste de pilotage, à la place du conducteur. Je suis tellement haut sur mon siège que j'en ai presque le vertige.

Je me penche vers papa, que je surplombe depuis la cabine du camion :

— Papa, tu devrais essayer, c'est trop bien. Tu as l'air tout petit, vu du dessus !

— Si tu n'as pas le vertige, et puisque tu as l'air de bien aimer voir les choses de haut, je te propose de terminer par la grande échelle, dit Thibault en me tendant un casque.

C'est un magnifique casque à visière en métal chromé, sur lequel se reflètent les lumières de la caserne. Je passe mon doigt sur l'écusson en relief qui en décore le sommet. Il représente un casque ailé, symbole des sapeurs-pompiers. Thibault m'aide à descendre de la cabine et s'éloigne quelques instants avant de revenir avec un baudrier en toile orange bardé de sangles et de mousquetons.

Le pompier prend place à côté de moi dans la nacelle et m'aide à attacher le mousqueton.

— Bienvenue à bord de l'EPA, échelle pivotante automatique. Cette demoiselle est bien utile dans un tas de situations.

— Pour le feu, tu veux dire ?

Oui, bien sûr, l'échelle est souvent utilisée pour l'attaque de feu, mais pas seulement : elle permet aussi le sauvetage de personnes ou encore d'acheminer des hommes ou du matériel en hauteur.

Thibault appuie sur différents boutons du tableau de bord. On entend un petit bip et puis…

— Allez, c'est parti pour un petit voyage dans les airs. Trente mètres de haut, pas mal, non ?

Après une faible secousse, la nacelle commence à grimper le long de l'échelle métallique déployée. Je m'agrippe si fort à la barrière en métal rouge que les jointures de mes doigts sont toutes blanches. À mi-hauteur, Thibault me pousse du coude :

— Eh ! détends-toi, Alexis. Il ne peut rien t'arriver. Fais confiance à la demoiselle EPA et profite juste du moment, OK ?

Alors, je lui obéis : je lâche prise. Je regarde la caserne, les camions, notre voiture réduite à la taille d'un jouet là-bas sur le parking, et papa qui n'est plus qu'un tout petit point. De là-haut, tout a l'air plus petit, et même mes problèmes ont disparu.

15

Moëlan-sur-Mer

Samedi 25 novembre 2017

RÉJANE

Aujourd'hui, nous sommes invités à Moëlan-sur-Mer par l'association des amis de Kervardel. L'accident s'est produit le week-end de la fête qu'ils organisent tous les ans au bénéfice de la recherche médicale, et les bénévoles ont été touchés par l'histoire d'Alexis. Je ne suis pas retournée là-bas depuis l'été dernier et je n'ai pas envie d'y aller.

Dans la cuisinc, Gaëtan a commencé à préparer le petit déjeuner. J'attrape mon journal sur la table de nuit et profite de ce moment de calme pour essayer de mettre mes idées au clair. Trop de choses se bousculent dans ma tête depuis la rencontre avec le gendarme Yann L. M. au début du mois. Je relis ce que j'ai écrit ce jour-là.

Mardi 7 novembre

Le gendarme nous a dit qu'il a été très impressionné par le calme de Mathéo et de ma maman après l'accident.
J'ai soufflé : « Je crois que ce n'était pas ça que je voulais entendre. »
Mais personne n'a relevé. Peut-être que personne n'a entendu.
C'est étrange : je ne ressentais pas de colère les premiers jours. Je pensais juste à mon fils, je voulais qu'il vive, qu'il s'en sorte. Mais maintenant, la colère est là.
J'aurais tellement aimé recevoir des excuses, que cette dame exprime des regrets directement. Alors, ce que dit ce gendarme me donne mal à la tête.

Je repense à ce mardi soir du début du mois de novembre. Nous sommes allés ensuite nous promener au bord de la plage, Alexis en tricycle. Gaëtan est allé chercher un fast-food et nous avons mangé ensemble.

Avant de repartir et de laisser Alexis là-bas. Ce soir-là, ça m'a fait très mal. Le sentiment de l'abandonner encore et encore. J'écris juste une phrase dans mon journal avant de me lever pour rejoindre la famille dans la cuisine et affronter cette journée :

Samedi 25 novembre

Moëlan, pour moi, c'est devenu un muret de pierre avec cinq traits orange tracés à la bombe.

***

Nous sommes donc allés à la mairie de Moëlan, où une délégation du comité des amis de Kervardel a remis un don à Alexis.

Là-bas, une autre surprise nous attendait en la personne d'un jeune homme blond aux yeux marron et au sourire timide. Moi, son visage ne me disait rien, mais bien sûr mes trois hommes l'ont reconnu tout de suite :

— C'est Laurent Pichon ! a murmuré Gaëtan à mon oreille, histoire de me mettre au parfum.

Laurent Pichon, coureur professionnel, était là en effet, et il n'était pas venu les mains vides ! Comme cadeau personnel, il a remis à Alexis un casque, des lunettes et un fanion de leader sur la Coupe de France.

Le moment, très convivial, m'a permis une fois de plus de prendre la mesure de ces liens qui unissent les cyclistes entre eux, ici, en Bretagne. C'est bien davantage qu'un simple réseau sportif, autre chose aussi que de l'amitié. Peut-être une sorte de « fraternité » ? Je suis très heureuse en tout cas qu'Alexis connaisse cela.

***

Toute la semaine dernière, Gaëtan a insisté.

— Si tu n'y vas pas aujourd'hui, tu ne pourras plus jamais le faire, m'a-t-il dit encore une fois dans la voiture ce matin, brisant le silence que j'avais volontairement laissé s'installer dans l'habitacle.

Comme je ne répondais rien, il a repris :

— Ne pas y aller, ce serait reculer. Et ça ne réglerait rien, tu le sais bien.

Derrière nous, sur la banquette arrière, les trois garçons s'étaient tus. Je n'ai pas eu besoin de jeter un regard par-dessus mon épaule pour savoir qu'ils ne perdaient pas une miette de notre conversation. J'ai pris une grande inspiration et j'ai répondu :

— Je sais bien que tu as raison. Et je vais y aller.

Il m'a remerciée d'une simple pression sur la main.

Et maintenant, nous sommes là, tous les cinq, avec maman qui nous a rejoints comme elle en était convenue avec Gaëtan.

Sur les lieux de l'accident.

Nous nous garons sur le parking de la plage. C'est la première fois que je viens ici en hiver et l'endroit, désert, est sinistre.

Avant même que Gaëtan n'ait coupé le contact, Mathéo a bondi au-dehors de la voiture. Dans le rétroviseur, je le vois qui fait de grands gestes et je crains qu'Alexis ait du mal à supporter son excitation. Mais lui aussi a déjà détaché sa ceinture :

— Bon, alors, vous venez, les parents ?

Dehors, Mathéo nous raconte comment le pompier avait fait évacuer toutes les voitures après l'accident. Il arpente le parking de long en large, Romain, le visage qui disparaît presque entièrement sous son bonnet et son écharpe, sur ses talons. Il y a beaucoup de vent et mon envie d'être ailleurs accentue sans doute ma sensation de froid. Je remonte bien haut la fermeture éclair de mon manteau et enroule mon écharpe en laine autour de mon cou. Gaëtan me prend par l'épaule, et je lui emboîte le pas pour rejoindre Mathéo et Romain au centre du parking.

— Alexis ! appelle Mathéo. Alexis !

— Ouais ?

L'intéressé ne montre pas un grand enthousiasme

pour répondre aux sollicitations de son petit frère, mais il s'exécute quand même lorsque ce dernier lui demande d'approcher.

— Voilà, c'est ici que l'hélicoptère s'était posé. (Mathéo prend sa grand-mère à témoin.) Hein, mamie, pile-poil à cet endroit !

Maman semble un peu gênée par l'agitation de Mathéo. Moi aussi, d'autant que j'appréhende la réaction d'Alexis. Va-t-il s'énerver après son frère ? Mais finalement, c'est lui qui détend l'atmosphère :

— Eh bien, quand je pense que tu as vu un hélico de si près et que c'est moi, qui n'ai rien vu et n'ai rien demandé à personne, qui ai eu droit au baptême de l'air… La vie est injuste, hein, Mathéo ?

Mathéo fait mine de bouder quelques secondes, mais je suis heureuse d'entendre les deux garçons rire et se chamailler gentiment tandis qu'ils se dirigent vers la route où a eu lieu l'accident.

Nous empruntons un petit chemin. Le sol en terre est boueux et glissant. Je quitte le bras de Gaëtan et propose à maman de prendre appui sur le mien. Elle accepte mon aide sans un mot. Je prends soudain conscience du point auquel elle est petite et légère à mon bras. Fragile.

— Ça va ?

— Oui, merci. J'ai bien failli perdre l'équilibre en butant contre une racine tout à l'heure. J'aurais dû mettre d'autres chaussures…

Je l'interromps :

— Maman, comment te sens-tu ? Je veux dire… Ça ne doit pas être facile non plus pour toi, d'être ici…

Une légère pression de sa main contre mon bras me signifie qu'elle a bien pris acte de ma sollicitude. Qu'elle m'en remercie. Qu'elle n'en dira pas davantage. Maman n'a jamais été très douée pour exprimer ses sentiments.

Sur le petit chemin, un voile de brouillard est tombé d'un seul coup. Les voix des garçons et de Gaëtan ne nous parviennent plus que dans un murmure étouffé, percé de temps à autre par l'éclat d'un rire, comme une trouée de lumière. Maman s'arrête soudain, et ses doigts agrippés à mon bras se resserrent comme une griffe. De son autre main, elle désigne un contrefort rocheux sur lequel prend naissance, bien loin au-dessus, un petit mur de pierre. Son bras dessine un geste ample, qui vient mourir au bas des rochers, jusque dans l'herbe sale.

— Le sang coulait tout le long ici, dit-elle simplement.

Un peu plus loin, Gaëtan et les trois garçons nous attendent au pied d'un grand arbre. Mathéo nous fait des signes de la main et nous accélérons un peu le pas. Je vois que, comme beaucoup de ses congénères, le tronc est marqué d'une trace de peinture. Mais je comprends tout de suite qu'il ne s'agit pas d'une indication pour les randonneurs ni d'un code à destination des gardes forestiers : le trait, presque à la base du tronc, est orange vif.

— C'est là qu'Alexis a atterri après avoir basculé par-dessus le muret !

Mathéo a précisé ce que tout le monde a deviné. Je le laisse poursuivre sa visite guidée, comprenant que revenir ici, revivre cette terrible promenade, avec Alexis à ses côtés, est important pour lui. Pour tous les deux, d'ailleurs : Alexis, qui a pourtant déjà entendu le récit à maintes reprises, l'interroge :

— Tu veux dire que tu m'as retrouvé au pied de cet arbre ?

— Oui, tu t'étais cogné la tête contre le tronc en tombant.

En disant ces mots, Mathéo s'est retourné et a levé le visage vers le muret. Nous l'imitons tous dans son mouvement, et c'est bien sûr la même pensée qui nous transperce et qu'Alexis exprime sobrement :

— Ça fait haut.

Le gendarme Yann L. M. avait parlé d'une chute de cinq mètres de hauteur. Oui, ça fait haut, surtout pour un garçon à qui on vient de couper les ailes. L'émotion, soudain, me submerge et je sens monter dans ma gorge des pleurs de rage et d'angoisse auxquels se mêle un sanglot de gratitude. Car à l'image du corps mutilé de mon fils s'affaissant, inconscient, contre le tronc, s'est superposée celle de mon fils vivant. Mon fils plus beau que jamais, qui a vaincu les deux volées de marches du petit escalier et m'appelle maintenant depuis là-haut en agitant les bras au-dessus de sa tête brune :

— Maman ! On est là ! Tu nous rejoins ?

***

Sur le chemin du retour, les garçons demandent à leur père de mettre de la musique. Gaëtan, qui connaît leurs goûts à défaut de les partager, met *Humanoïde* de Nekfeu.

Tandis qu'ils fredonnent tous les quatre les paroles, je sors mon journal de mon sac. J'ai besoin d'écrire, de raconter, là, tout de suite, ce moment qu'on a passé sur la plage juste avant de remonter en voiture. Les mots se bousculent dans ma tête et, en attendant qu'ils veuillent bien se remettre un peu en ordre, je feuillette mon cahier.

Déjà tant de pages noircies, tant de moments arrachés au silence ! Je m'arrête sur quelques-unes, et les souvenirs remontent, comme autant de bulles qui viennent crever la surface lisse de notre vie.

Mercredi 8 novembre

Ce matin, maman est allée voir Alexis à Kerpape. Je l'ai appelée vers onze heures, elle m'a fait le récit de leur matinée tous les deux – jeux de cartes, courte promenade avant le déjeuner. Derrière elle, j'entendais Alexis qui rajoutait des choses, corrigeait un détail, racontait une anecdote, tant et si bien qu'il est parvenu à embrouiller sa grand-mère, qui a bientôt perdu le fil et s'est mise à rire tout en faisant semblant de se fâcher pour le faire taire.
Mon estomac s'est noué soudain sous le coup d'une impression de déjà-vu. Le matin du 4 août, je l'avais appelée à la même heure à peu près. Elle était au bar-tabac avec Alexis, à qui elle avait promis d'acheter des jeux à gratter, mais elle avait décroché quand même. Et, tandis qu'elle me racontait leur journée de la veille et leurs projets pour l'après-midi, Alexis, que j'imaginais penché au-dessus de son épaule, mêlait ainsi sa voix à la sienne pour compléter son récit.
Est-ce que ça n'est pas fini ? Est-ce que tout va recommencer ? J'ai l'impression qu'un nouveau malheur nous guette. Ou plutôt, que ce n'était

que le début. Qu'on ne sera plus jamais en sécurité.

Mercredi 15 novembre

Hier, j'ai croisé dans la rue une femme que je ne connais que de vue. M'apercevant depuis le trottoir d'en face, elle a traversé la rue pour venir me parler. Quand elle m'a demandé des nouvelles d'Alexis, je me suis souvenue que son fils prenait le même car scolaire que lui pour aller au collège. J'ai d'abord cru à un geste bienveillant de sa part, mais mon visage s'est fermé d'un coup quand elle a évoqué le crochet que fait le bus le matin et le soir pour passer près de chez nous.

— Si je comprends bien, Alexis ne reviendra pas tout de suite…

— On espérait qu'il quitterait Kerpape en janvier, mais rien n'est moins sûr.

— Pourriez-vous dans ce cas appeler le responsable du service de ramassage scolaire pour lui demander de bien vouloir modifier le trajet ? Le détour que fait le bus pour passer près de chez vous rallonge inutilement le chemin et…

Je n'ai pas entendu la suite et je n'ai rien répondu. Elle n'a pas insisté.

Mathéo et Alexis chantent maintenant *Enfants terribles* de Columbine à tue-tête. Gaëtan bat la mesure en tapotant le volant, et Romain, qui semblait tout à l'heure à deux doigts de s'endormir, les accompagne à contretemps en criant très fort la dernière syllabe des strophes dont il ne comprend pas les paroles. Je fouille au fond de mon sac pour mettre la main sur mon stylo et reprends mon journal à la dernière ligne, écrite ce matin.

Samedi 25 novembre

Moëlan, pour moi, c'est devenu un muret de pierre avec cinq traits orange tracés à la bombe. Tout à l'heure, on a vu les traits sur le muret. C'étaient les mêmes que sur la photo. Ils n'étaient pas plus réels. Je n'arrive pas à imaginer ce qu'ils ont pu vivre. Je me sens mal, j'ai envie de vomir et regrette presque d'être revenue ici. Mais ce n'est pas fini encore. Mathéo et Gaëtan nous entraînent sur la plage. Celle où on a passé tant de vacances, celle de si nombreux souvenirs heureux. Alexis est resté planté à la frontière des galets et du sable. Son visage n'exprimait rien. Était-il submergé par l'émotion ? Ennuyé d'être là ? Ou tout simplement mis en difficulté par sa prothèse pour marcher sur ce sol meuble ? Je me suis approchée de lui.

— Tu veux venir marcher près de la mer ?

Il m'a regardée un long moment avant de me répondre :

— Mais, maman, on est où ?

Alexis ne se souvient de rien. Je croyais que son cerveau n'avait supprimé que les mauvaises images de cette journée terrible. Mais il y a eu une erreur : même la plage de son enfance s'est effacée de sa mémoire.

On est passés ensuite rapidement au mobile home, mais là non plus, les lieux ne disaient rien à Alexis. Comme s'il avait voulu tout oublier de cet endroit.
Quand j'ai embrassé maman pour lui dire au revoir, elle m'a juste glissé à l'oreille :
— Dédé et moi, on pense mettre en vente le mobile home.

16
En selle !

Lundi 4 décembre 2017

RÉJANE

Une fois par mois après le boulot, je retrouve Marie, ma collègue à la pizzeria, dans un bar pour pouvoir discuter tranquillement. On a beau travailler côte à côte une bonne partie de la journée, il y a toujours tout un tas de choses qu'on n'a pas le temps de se raconter !

Aujourd'hui, il fait un froid de canard et quand on quitte la pizzeria toutes les deux, il fait déjà presque nuit alors qu'il n'est pas beaucoup plus de quinze heures. J'hésite un peu sur le seuil tout en resserrant mon écharpe autour de mon cou. La petite pluie gelée qui tombe sans discontinuer depuis le matin me pousserait plutôt à rentrer tôt à la maison, pour boire un thé devant ma série préférée du moment, *Grey Anatomy*, avant de préparer une soupe bien chaude pour ce soir. Mais déjà Marie m'entraîne :

— Brrr… C'est quoi, ce temps ? Allez, viens, on a bien mérité notre chocolat chaud !

Cinq minutes plus tard, nous sommes attablées devant deux tasses fumantes. La première gorgée du liquide crémeux et brûlant m'apporte un grand réconfort. Je me laisse aller contre la banquette du café en poussant un soupir de contentement.

— Waouuuh ! Quelle journée ! Il y avait beaucoup de monde pour un lundi, non ? En tout cas, je n'ai pas arrêté de courir !

Marie sourit au-dessus de sa tasse de chocolat.

— Bah, de toute façon, tu ne sais pas faire autrement, non ? Même quand il y a moins de monde, tu trouves toujours quelque chose à faire.

Je hausse les épaules. C'est vrai, je suis comme ça. Au boulot, à la maison, et même en vacances : toujours mille choses à faire en même temps, et des journées bien trop courtes pour contenir tous les projets que j'ai encore de côté pour… demain, un jour, quand j'aurai le temps – finir la décoration de la maison, par exemple !

Marie, elle, est beaucoup plus cool. On dirait qu'elle parvient toujours à faire en temps voulu ce qu'elle avait prévu. Comme si le temps s'adaptait à ses envies, à ses projets… À moins que ce ne soient ses projets qui ne s'adaptent à ses possibilités ? Elle est en train de me raconter son week-end passé en famille (et à cuisiner pour tous les dîners de la semaine) quand mon téléphone vibre dans mon sac sur la banquette à côté de moi. J'ai horreur de ça, quand la copine avec qui vous êtes en train de boire un verre dégaine son téléphone à la moindre sonnerie et se met à envoyer des textos sous votre nez. Mais depuis l'accident d'Alexis, et maintenant qu'il est là-bas, à Kerpape, j'ai tellement peur qu'il arrive quelque chose que j'ai du mal à ne pas sauter sur mon téléphone à tout bout de champ. Par égard pour Marie, je me contrôle et ne jette qu'un regard en coin vers l'écran qui s'est illuminé et que j'aperçois par l'entrebâillement de mon sac à main. L'icône verte à côté de la notification m'indique que j'ai reçu un message, mais je ne vois pas de qui.

Marie interrompt son récit pour déguster une première gorgée de son chocolat. Je ne comprends pas comment elle peut préférer le boire à moitié froid, mais bon, elle est comme ça ! Nouvelle vibration dans mon sac. Marie hausse un sourcil.

— Dis donc, je crois que quelqu'un cherche à te joindre. Tu devrais peut-être regarder au cas où…

Elle se mord la lèvre inférieure et me lance un regard gêné. Elle ne voudrait pas être celle qui gâche le bon moment en me rappelant ce que je ne sais que trop bien… Qu'il peut, à tout moment, se passer quelque chose à Kerpape : chute, infection du moignon, blessure en rééducation, complications médicales, et sans doute tout un tas d'autres malheurs dont je n'ai même pas idée, mais que je redoute tout autant.

J'enchaîne, soulagée, tout en m'emparant du téléphone :

— Oui, tu as raison. On ne sait jamais, ça pourrait être Alexis.

Et en effet, sur l'écran verrouillé, je vois que le message vient du téléphone d'Alexis.

Il ne contient qu'une unique pièce jointe, une vidéo. Intérieurement, je pousse un grand ouf de soulagement. Ça ne peut pas être une mauvaise nouvelle. Pas cette fois.

Mon téléphone met ce qui me semble un temps infini pour charger la pièce jointe. Marie me regarde, l'air interrogateur. Alors, j'écarte nos deux tasses et pose l'appareil sur la table, entre nous deux. Et c'est ensemble que nous voyons apparaître l'image d'Alexis, de dos, monté sur un vélo bleu. Mon cœur bondit en même temps que je scrute l'image attentivement. C'est bien un vélo. Pas un tricycle, un vélo à deux roues.

— Marie ! C'est un vélo. Alexis fait du vélo !

Un grand sourire illumine le visage de mon amie. Enfin, la flèche apparaît sur l'image, qui signifie que je peux lancer la vidéo.

J'appuie et, sur le petit écran de mon téléphone, Alexis, de dos, s'élance. Toutes les deux, nous retenons notre souffle. Mon fils, vêtu d'un sweat bleu marine et d'un short de sport en molleton gris, roule dans un couloir du centre de rééducation de Kerpape dont je reconnais le lino beige. Sa jambe gauche, que termine la prothèse, est calée dans un système que j'ai du mal à distinguer, mais qui lui permet en tout cas de pédaler. Il est bientôt rejoint par Christelle, qu'on aperçoit de dos, elle aussi. Le son est très mauvais, mais on comprend qu'elle lui demande de ne pas aller trop vite !

— Attention, laisse-moi revenir à ta hauteur, tu n'as pas de casque !

Alexis s'exécute, avant de prendre légèrement appui de son pied droit contre le sol pour amorcer un demi-tour au bout du couloir. La manœuvre me permet maintenant de le voir de face. Autour de lui, je reconnais son médecin, des dossiers à la main, et l'orthoprothésiste. Tous commentent sa prouesse et le félicitent de cet essai.

Un sourire jusqu'aux oreilles, Alexis poursuit son chemin, encouragé par tout le staff. À l'autre extrémité du couloir, il passe devant un petit bonhomme de neige en carton qui semble monter la garde au milieu de cadeaux décoratifs éparpillés sur le sol. Sur le mur, un grand panneau affiche un message qui tient en deux mots : « Joyeux Noël ! »

Dimanche 4 mars 2018

ALEXIS

Quatre mois. Il m'a fallu quatre mois pour retrouver mon équilibre et remonter sur un vélo.

Depuis ce premier succès, à Kerpape, je ne pense plus qu'à ça. Le week-end qui a suivi, malgré le froid, malgré la pluie qui était tombée sans discontinuer les jours précédents, j'ai décidé de remettre ça. Papa et maman ont été super sur ce coup-là, parce que je ne suis pas sûr qu'ils avaient vraiment envie de passer leur dimanche après-midi dans un sous-bois mouillé et boueux, mais ils ont été d'accord tout de suite pour que j'y aille et surtout pour m'accompagner. Papa est allé au cabanon préparer les vélos. Pendant qu'il regonflait les pneus de mon VTT qui n'avait pas servi depuis l'été dernier, j'ai enfilé ma tenue cycliste préférée, celle de l'UCP Josselin, bleu ciel et noire. Rien que de sentir le contact du tissu élastique et serré contre ma peau, c'était déjà super. Et quand j'ai fermé la boucle de mon casque sous mon menton, j'étais parfaitement heureux.

Nous sommes partis tous les cinq pour un petit circuit que papa a qualifié de « raisonnable », autrement dit vraiment pas ambitieux : le bois à 300 mètres de la maison. Mathéo m'a attendu pour qu'on roule de front sur la route, comme on aimait le faire avant. Le truc, c'est que ma prothèse n'était pas du tout adaptée. J'ai galéré dès le début, mon faux pied, à gauche, ne voulait pas se maintenir en place dans le cale-pied et j'étais tout le temps obligé de m'arrêter pour reprendre mon équilibre. Maman est arrivée à notre hauteur :

— Si c'est trop compliqué, ce n'est pas grave, on fait demi-tour et je prépare un bon chocolat chaud pour tout le monde !

Mais bien sûr, je ne voulais pas entendre parler de renoncer. Ça m'aurait mis en rage.

— Non, non, t'inquiète, ça va aller…

J'ai vu qu'elle échangeait un regard entendu avec papa qui nous avait rejoints, mais ni l'un ni l'autre n'a rien dit, et nous sommes repartis. Dans le bois, papa s'est mis à côté de moi et m'a poussé pour m'aider à grimper les côtes ou lorsque le terrain était trop accidenté. J'ai senti très vite que la prothèse était en train de me blesser, mais j'étais prêt à courir ce risque. Et tant pis si la semaine suivante allait être compliquée !

Effectivement, quand on est rentrés à la maison et que j'ai retiré tout mon attirail, j'ai vu que j'avais à l'intérieur de la cuisse gauche un énorme bleu qui allait m'obliger à me déplacer en fauteuil les jours suivants. Mais j'avais relevé le défi, rien d'autre n'avait d'importance.

Et le soir, en massant mon moignon endolori, je me suis fait une promesse : j'allais reprendre les courses le plus vite possible.

***

Pour ça, il fallait d'abord que j'obtienne l'autorisation de quitter Kerpape. Parce que là-bas, même si tout le monde est aux petits soins et fait en sorte qu'on se sente bien, ça reste malgré tout un centre et pas une maison. Donc, on est soumis à tout un tas de contraintes et d'horaires que j'avais de plus en plus de mal à supporter. Le soir de la galette des Rois, ça a été le summum : j'ai dû demander l'autorisation pour participer à la soirée organisée par le club loisirs, sur place. Mais l'éducateur ne m'a donné la permission de sortie que jusqu'à vingt et une heures. Même maman, qui d'habitude me dit toujours de prendre mon mal en patience, a trouvé ça vraiment frustrant. Bref, il était impossible d'imaginer que je puisse obtenir le droit de sortir le soir après les cours pour aller faire un tour à vélo !

Le vendredi 23 février, j'ai pu cocher la première case de ma liste : j'ai quitté Kerpape ! Petit pincement au cœur de dire au revoir aux copains, à Aurélien en particulier. On s'est promis de se revoir, de rester en contact, en tout cas. Christelle m'a embrassé très fort. Je ne le lui ai pas dit, mais je crois qu'elle va me manquer.

Depuis hier, je suis à Dinard, invité par le comité handisport de Bretagne pour un stage découverte de trois jours. Papa a pris une semaine de vacances pour pouvoir m'accompagner. J'adore retrouver l'ambiance des stages sportifs, même si ici, tout le monde est handicapé, et que c'est un peu curieux au départ. Mais en fait, on s'habitue très vite à croiser des fauteuils roulants un peu partout, parce que tous les gens qui sont assis dedans se déplacent avec un naturel confondant, comme si le fauteuil faisait partie de leur corps. Certains utilisent même leur position assise pour faire des effets au ping-pong qu'un homme debout sur ses deux jambes aurait bien du mal à réaliser. Du coup, on ne s'aperçoit plus vraiment qu'ils sont en fauteuil. J'ai remarqué aussi qu'au moment de la pause, après avoir couru sur piste, par exemple, la plupart des jeunes athlètes amputés n'hésitent pas à se défaire de leur prothèse. On voit ainsi des groupes de jeunes, assis en rond par terre pour boire un verre tranquillement, comme le font tous les ados au collège. Mais à côté d'eux des prothèses s'entassent pêle-mêle, qu'ils ont posées là en vrac, comme ils l'auraient fait si ça avait été leurs vélos !

J'ai fait un peu de ping-pong et d'athlétisme, moi aussi, en fauteuil, car depuis mercredi j'avais une grosse ampoule en haut de la cuisse gauche, due aux frottements de ma prothèse. Ce n'est pas la première fois que ça m'arrive et dans ce cas-là je n'ai pas le choix : le fauteuil s'impose, la prothèse étant trop douloureuse. Mais contrairement aux autres qui ont l'air si... détendus vis-à-vis de leurs membres artificiels, moi, je ne supporte pas qu'on me voie sans ma prothèse, même quand je suis assis.

Une fois dans mon fauteuil, quand j'ai demandé à papa de m'aider à installer la prothèse sur ma jambe sans la fixer, il a d'abord semblé vouloir protester. Mais finalement il a juste dit :

— Même ici, alors que tout le monde est… dans la même situation que toi, ou à peu près ?

— Handicapé ou pas, qu'est-ce que ça change ?

J'avais les larmes aux yeux tellement j'enrageais d'être là, au stage, et de ne pas pouvoir me mettre debout. Papa n'a donc pas insisté et je me suis déplacé toute la journée d'hier comme ça, en utilisant ma prothèse non fixée comme une sorte de bouclier pour me protéger des regards.

N'empêche, ma patience a payé, car aujourd'hui, ça va un peu mieux et je me sens d'attaque pour participer à une sortie à vélo avec deux autres garçons de mon âge, Hugo et Brodgy – qui sont sourds, mais lisent sur les lèvres –, papa, qui sera mon coéquipier pour l'occasion et… Katell Alençon !

Je suis particulièrement content de retrouver la jeune cycliste. J'ai très souvent repensé à la visite qu'elle m'avait faite juste après mon accident, quand j'étais encore à l'hôpital de Brest. C'est elle qui, la première, m'avait fait entrevoir que je ne devais pas enterrer mes rêves de sport. Qu'on pouvait vivre une vie normale, une vie enviable, même, avec une jambe en moins. C'est elle qui, dès les premiers jours, m'a donné envie de me battre pour que tout continue, et je lui en suis très reconnaissant, même si, maintenant qu'elle est là devant moi, son casque sur la tête et ses lunettes de soleil sur le nez, je sais que je n'oserai jamais le lui dire comme ça. Elle a beau être plus petite que moi, elle m'impressionne carrément.

— Bon, vous êtes prêts, les garçons ! dit-elle.

Son intonation laisse entendre qu'il s'agit davantage d'un top départ que d'une vraie question. C'est d'ailleurs papa qui répond pour nous trois :

— On est prêts !

Katell réexplique le trajet qu'elle a prévu de parcourir avec nous : une boucle d'une vingtaine de kilomètres, sur un terrain plutôt facile – pour l'essentiel de beaux plats sur une route parallèle à la ligne de la mer. Elle précise :

— Je ne vais pas vous mentir, il y a deux ou trois passages légèrement plus accidentés. Rien de très méchant, mais… surtout toi, Alexis, comme c'est ta première vraie sortie, il est possible que tu te fatigues vite et que ces petites côtes constituent un véritable obstacle. Alors, on est bien d'accord, personne n'est obligé d'en faire plus que ce dont il se sent capable…

À côté de moi, les deux garçons font oui de la tête. Moi, je ne réponds rien malgré le regard que me lance papa – un regard que j'interprète à peu près comme : « Tu vois ! Katell vient de dire exactement ce que je t'ai répété pendant tout le petit déjeuner : tu dois te ménager, il n'y a aucun challenge » – parce que je me suis juré que, quoi qu'il arrive, j'irai jusqu'au bout de ce parcours.

Katell se tourne dans ma direction. Elle relève ses lunettes-visière pour que je croise son regard.

— Parce que ce dont on est capable aujourd'hui, six ou sept mois après un accident, ne présage en rien de ce dont on sera capable plus tard. Dans six mois, dans un an ou dans dix ans, OK ? Donc, on est là pour se faire plaisir, pas pour faire la course, ni contre les autres ni contre soi-même.

Je n'ai pas vraiment le temps de m'interroger sur sa faculté à lire dans mes pensées parce qu'on est déjà partis. Katell ouvre la route. Dans sa tenue Cofidis, elle me fait l'effet d'un lutin rouge qui danse sur son vélo juste devant moi, avec une grâce et une légèreté dont je suis malheureusement bien incapable.

Les premiers kilomètres, sur plat, se passent bien. Bientôt, j'oublie même l'inconfort de ma prothèse qui frotte sur mon ampoule éclatée à chaque tour de pédalier. Le plaisir de retrouver les sensations de vitesse l'emporte sur les petits désagréments. Je me concentre sur ma respiration, le rythme de mon cœur que j'entends battre à l'intérieur de ma tête, en harmonie parfaite avec mon souffle. Un vent frais me fouette le visage, qui m'apporte des odeurs de terre humide et salée. C'est comme si je retrouvais un lieu où je n'étais pas allé depuis longtemps – comme si je rentrais chez moi après être parti bien trop longtemps.

Papa, qui fermait la marche jusqu'à présent, remonte à ma hauteur et nous roulons ainsi côte à côte pendant deux nouveaux kilomètres, en silence. J'ai l'impression de retrouver nos petites virées du dimanche matin, avant, et je suis heureux.

C'est juste après un virage que j'aperçois la première montée. Une toute petite côte de rien du tout, que je n'aurais sans doute même pas remarquée l'année dernière. Katell se retourne et me fait signe. Je lui indique par un signe de tête que j'ai bien aperçu l'obstacle. Je prends un peu d'élan, mais j'ai du mal à gagner en vitesse, et à mi-côte je commence à ralentir dangereusement. Derrière moi, Hugo est dans ma roue, ce qui me stresse un peu. Je ne veux pas être celui qui va forcer notre petit peloton à ralentir. Soudain, je me sens poussé en avant et je comprends, sans avoir besoin de regarder sur ma gauche, que c'est papa qui me donne un coup de pouce bienvenu. Ouf, le premier obstacle est franchi !

Au bout d'une demi-heure, Katell ralentit pour se mettre à côté de moi.

— Ça va, Alexis ? Pas trop dur ?

Je fais un petit hochement de tête pour acquiescer. À vrai dire, j'appréhende la seconde montée dont elle a parlé tout à l'heure. De l'autre côté de moi, papa lève un pouce en l'air. Bah, il a raison : on fait une super équipe, tous les deux !

— En tout cas, on roule bien : on a déjà avalé dix kilomètres en une demi-heure. Pas mal, non ?

Dix kilomètres ? Déjà la moitié du parcours ?

C'est juste avant l'arrivée que j'aperçois le dernier obstacle qui se profile. Une vraie montée cette fois, qui dessine un coude en plus, si bien que je n'en vois pas le sommet. Je jette un regard à papa. Derrière mes lunettes, il ne voit pas mes yeux, mais il comprend que je commence à paniquer.

— T'inquiète, me dit-il, on va y arriver !

Je me concentre pour réunir toute la force et l'énergie qui me restent. Mais je sens, je *sais* que ça ne va pas suffire. J'essaye d'abaisser le rythme de ma respiration, mais je n'y arrive pas, mon cœur bat beaucoup trop vite.

Dès les premières dizaines de mètres, Hugo et Brogdy me dépassent, en danseuse sur leur vélo. Moi, tant que je n'ai pas de prothèse sportive avec un genou adapté, je suis condamné à monter les côtes assis sur mon vélo.

Katell encourage les deux autres garçons avant de me laisser revenir à sa hauteur.

— C'est dur, dur, hein ?

Je hoche la tête en serrant les dents. Là-haut, je vois Brogdy et Hugo disparaître dans le virage. J'enclenche la plus petite vitesse. Après ça, je n'ai plus une seule cartouche.

Mais papa me connaît suffisamment pour savoir que si je mets pied à terre, ce sera pour moi un terrible échec.

— Allez, mon gars, on y va à deux, me dit-il tout en commençant à me pousser.

C'est une poussée douce, régulière, qui accompagne mon mouvement sans me projeter en avant. Nous pédalons tous les deux au même rythme et, bientôt, je peux repasser une vitesse supérieure.

Quand nous arrivons au sommet, j'aperçois les deux garçons qui nous attendent auprès de Katell qui les a rejoints. Je suis essoufflé, épuisé, j'ai la cuisse gauche en feu, mais je suis ravi : à aucun moment je n'ai posé le pied par terre. La championne brandit son chrono :

— Vingt kilomètres en une heure ! C'est pas formidable, ça ?

17

Retour au collège

Dimanche 25 mars 2018

ALEXIS

Deux semaines. Ça ne fait que deux semaines que je suis retourné au collège et déjà, je laisserais tout tomber. Hier soir, en préparant mon sac pour ce matin, l'envie m'a pris même de retrouver la routine de Kerpape. Là-bas, au moins, tout était adapté. Des ascenseurs partout, des couloirs larges et des portes à galandage, des toilettes accessibles, des lavabos à portée de fauteuil… Là-bas, au moins, si je me déplaçais en fauteuil ou si je boitais avec ma prothèse, personne ne me regardait avec des yeux curieux.

En retrouvant mon collège Yves-Coppens, mes copains, Loïc, Bryan et Kilian en particulier, certains profs que j'avais déjà l'année dernière – Mme Altmeyer en SVT, M. Paviot en musique, M. Roger en histoire-géo et M. Le Boulbar en physique-chimie –, je pensais que c'était ma vie d'avant qui allait reprendre. La routine, quoi. Mais en fait, non. J'ai compris dès le premier jour que je m'étais complètement fourré le doigt dans l'œil à ce sujet. Parce qu'en ayant été projeté au-dessus de ce mur, le 4 août 2017, c'est comme si j'avais franchi une frontière invisible : la ligne qui sépare les personnes valides des personnes handicapées.

Ce n'est pas que les gens soient méchants avec moi, loin de là. Mais disons que je ne me sens plus à ma place dans ma vie d'avant. D'abord, parce que tout ce que je faisais avant sans même y penser – grimper l'escalier qui mène à la salle de classe, m'installer à mon bureau, garnir et porter mon plateau à la cantine, aller aux toilettes entre les cours, échanger quelques balles de ping-pong à la récré – est devenu soudain incroyablement compliqué. Ensuite, parce que tout le monde dans ma classe, en étant excessivement gentil avec moi, me met un peu mal à l'aise. Par exemple, quand on doit changer de salle à l'intercours, tous les élèves de ma classe ont pris l'habitude de marcher tout doucement, à la même vitesse que moi. C'est donc un étrange cortège qui m'escorte dans les couloirs cinq ou six fois par jour.

Moi, j'aimerais juste qu'on me fiche la paix. Ou devenir transparent, au choix.

Il y a aussi ces coups d'œil curieux, jetés à la dérobée, mais que je sens quand même peser sur moi partout au collège. Quand j'en surprends certains, il arrive que la personne me fasse du coup un petit sourire gêné, voire qu'elle me propose son aide. Mais la plupart du temps, les élèves dont je saisis ainsi les regards au vol se dépêchent de détourner la tête ou bien font semblant d'être soudain hyper absorbés par la lecture du menu hebdomadaire de la cantine. Je sais que ce n'est pas méchant, et que la plupart sont sans doute aussi gênés que moi par la situation. Mais ça me fait enrager. Enrager, enrager. J'ai l'impression que la colère ne me quitte plus.

En février, juste avant les vacances, j'avais demandé au principal du collège l'autorisation de venir passer une journée dans ma classe de cinquième. Histoire que je retrouve mes marques. Et, je suppose aussi, même si ça n'avait pas été dit, histoire que mes « camarades » s'habituent en douceur au mec handicapé que je suis devenu et à l'attirail que je promène désormais partout avec moi : fauteuil, prothèse… La journée s'était plutôt bien passée. J'étais revenu de cette expérience complètement crevé, mais gonflé à bloc, un peu comme après une compétition sportive.

Mais voilà : on ne peut pas tenir le rythme de la compétition sportive pendant quinze jours. Encore moins pendant des mois. Alors, deux semaines à peine après la rentrée, je m'effondre. Physiquement et psychologiquement, je suis à bout.

Hier, je suis tombé sur le cahier que maman transporte partout avec elle. Elle écrit des trucs dedans de plus en plus souvent, ce que je trouve un peu bizarre vu qu'avant, je ne l'avais jamais vue écrire autre chose que des listes de courses ! Bref, son cahier était ouvert sur la table de la cuisine et j'ai vu que c'est une sorte de journal, en fait. Elle note des dates, et puis raconte des événements de la journée – en général des choses qui ont un lien avec mon accident, je suppose. À la date du 13 mars en tout cas, j'ai lu :

Aujourd'hui, rdv chez le nouveau prothésiste à Vannes. Alexis reçoit sa lame, offerte par une association. Et alors, que va-t-il en faire maintenant ?

« Il doit réapprendre à courir », a dit le prothésiste.

D'accord, mais nous, on fait comment pour lui apprendre ?

Je n'ai rien lu d'autre, parce que je savais que ça ne me regardait pas, et aussi parce que je n'étais pas sûr d'avoir envie d'en apprendre davantage sur les inquiétudes de maman. J'ai déjà bien assez à faire avec les miennes…

Quant à la lame, qui est une prothèse adaptée pour la course que j'attendais avec impatience, du style de celles qu'on voit lors des épreuves d'athlétisme handisport à la télé, je ne suis pas près de pouvoir l'essayer de toute façon : ce soir, j'ai une nouvelle blessure à la cuisse due aux frottements de la prothèse. Voilà quinze jours que je la porte sans discontinuer parce que je refuse d'aller au collège en fauteuil. Quinze jours en prothèse, c'est beaucoup plus que ce que j'avais fait jusqu'à présent – et beaucoup plus, manifestement, que ce que je suis capable de supporter.

Toujours est-il que ce soir, je fais ce que maman appellera peut-être un refus d'obstacle – mais tant pis : je décide que je n'irai pas à l'école demain. Trop mal, trop fatigué, trop épuisé de lutter sans cesse.

RÉJANE

Dimanche 25 mars

Bilan de la quinzaine : positif, même si en histoire-géo et en espagnol, Alexis a pris un peu de retard sur le programme. Il semble heureux et pourtant, je sais qu'il a toujours au fond de lui la peur de ne pas y arriver. Peur de faire une chute, peur que sa prothèse se décroche...
Le soir, il a envie de faire du vélo quand il rentre, mais il est souvent trop fatigué pour s'y mettre pour de bon.
Malgré tout, je suis contente et tellement soulagée de voir que les choses avancent dans le bon sens !

Voilà ce que j'étais en train d'écrire dans mon journal quand j'ai entendu la porte de sa chambre claquer à l'étage. Le silence qui a suivi m'a semblé de mauvais augure. Suffisamment pour que j'abandonne sur la table cahier et stylo et que je monte les marches quatre à quatre.

J'ai frappé à sa porte. Silence. Nouveau petit coup contre le montant. Rien.

— Alexis, tout va bien ?

— …

— Bon, j'entre, ai-je annoncé.

Et, joignant le geste à la parole, j'ai abaissé la poignée et entrouvert la porte.

La chambre était plongée dans le noir, mais je savais qu'Alexis ne dormait pas. Je me suis approchée de son lit, ai allumé la lampe de chevet. Mon fils était allongé sur son lit même pas défait. Couché sur le dos, il contemplait le plafond. Sans me regarder, il a murmuré :

— Demain, je n'irai pas à l'école.

J'ai noté qu'il avait jeté sa prothèse de jambe dans un coin de la pièce. J'ai vu les marques violacées sur sa cuisse gauche et l'ampoule qui s'était formée à sa base. Alors, je n'ai rien dit, je l'ai juste embrassé et je suis sortie doucement de la chambre après avoir éteint.

J'avais peur de faire éclater la rage qui m'a submergée avec d'autant plus de violence que j'ai eu l'impression, une fois de plus, d'avoir été frappée par-derrière, en traître. Ce soir, Gaëtan n'est pas là, il a pris son poste de nuit. Comme je n'ai personne avec qui partager la colère qui m'étouffe, je me remets à la table de la cuisine devant mon journal.

Une fois de plus, j'ai l'impression que tous nos efforts ne servent à rien. Que chaque (petit) mieux est nécessairement suivi d'une déconvenue. Que le mot « sécurité » n'a plus de sens. Alexis, ce soir, est de nouveau blessé par sa prothèse. Il s'est juré qu'il n'irait pas au collège en fauteuil, et je lui ai fait de mon côté la promesse de respecter ce choix.

Demain, il n'ira pas au collège, les jours suivants non plus. Demain, il restera à la maison. Mais je travaille, Gaëtan aussi. Comment va-t-il faire pour se débrouiller sans nous ?

Alexis ne peut plus aller faire du VTT dans les bois autour de la maison.

Il ne peut plus faire de judo.

Il ne peut plus courir autour de la maison.

Il ne peut plus grimper dans les arbres avec Mathéo.
Il ne peut plus jouer à attraper son petit frère Romain ni jouer à cache-cache avec lui.
Il ne peut plus faire de foot.
Il ne peut plus faire de randonnée.
Il ne peut plus faire de roller.
Il ne peut plus danser.
Il ne peut plus aller à la patinoire.
Il ne peut plus sauter dans le trampoline.
Il ne peut plus monter et descendre du bus pour aller au collège.
Mais surtout...
Il ne peut plus monter seul en voiture.
Il ne peut plus monter seul dans sa chambre.
Il ne peut plus descendre seul de sa chambre.
Il ne peut plus se doucher seul.

Mercredi 28 mars

Le pansement et la crème achetés en pharmacie semblent efficaces.
Hier, il a reçu sa prothèse définitive, qui est plus légère. Pour Alexis, le soulagement est immense.
J'appelle le collège, qui propose qu'il retourne en classe demain matin simplement afin qu'il ait le temps de s'adapter doucement à son nouveau matériel.

Samedi 31 mars

Alexis me trouve tendue, il dit qu'il faut que j'aille voir un psy. Au fond de moi, je sais qu'il

a raison. Je n'en peux plus, dès que je suis seule, de ressasser cet affreux 4 août dernier. Et tout ce qui a suivi, ces journées de cauchemar. De savoir que je ne vais pas me réveiller parce qu'Alexis, avec sa jambe amputée, est bien là sous mes yeux, preuve que tout ça est bien arrivé.
Rendez-vous est pris chez le psychologue, ce sera le 20 avril.

Jeudi 6 avril

Ce matin, rdv avec le prothésiste pour essayer la lame. Alexis doit courir, et les essais se font en plein air, sur la piste d'athlétisme de Saint-Avé où des enfants sont réunis pour leur cours du samedi. Confronté à ces inconnus qui le regardent avec curiosité, Alexis baisse la tête.
Il se concentre, fait tous ses efforts, mais à la fin de la séance je ne vois aucune amélioration. Le voir galérer comme ça alors que courir est quelque chose de naturel me bouffe.

Jeudi 13 avril 2018

Grande sortie scolaire aujourd'hui : tous les élèves de cinquième du collège Yves-Coppens se rendent dans la forêt de Brocéliande, à une heure de route pour une journée complète dans la nature.

Bien sûr, quand il nous a apporté la circulaire, Alexis était formel : il voulait y aller. Pas question qu'il rate cette journée ! Gaëtan et moi n'étions pas chauds, mais ses arguments étaient sans appel. N'avait-il pas déjà suffisamment manqué l'école depuis le début de l'année ? Surtout, il avait besoin de se prouver à lui-même qu'il était capable de faire comme les autres. Enfin, nous qui passons notre temps à l'encourager à sortir plutôt que de rester à l'intérieur à tourner en rond, voilà que nous voulions précisément l'empêcher de participer à une sortie au grand air ? Ça ne tenait pas debout ! Même la CPE du collège s'y est mise, qui est allée jusqu'à nous appeler pour nous convaincre que participer à cette sortie ne pouvait qu'aider Alexis à se réintégrer dans sa classe. Bref, malgré nos réticences, nous avons donc fini par signer l'autorisation de sortie, et Alexis est parti ce matin très excité avec son sac à dos et son pique-nique.

Inutile de dire que je n'ai pas eu l'esprit tranquille pendant toute la journée, scrutant mon téléphone en permanence, à l'affût d'une mauvaise nouvelle, m'attendant à tout moment à devoir quitter mon travail pour aller le chercher dans la forêt ou, pire, à apprendre qu'on avait dû appeler les secours.

Mais non, rien.

Alexis rentre ce soir en taxi. J'attends son retour en me rongeant les sangs.

ALEXIS

Le taxi a du retard, et j'imagine sans peine que maman se fait un sang d'encre. Mais je ne lui envoie pas de message. « Pas de nouvelle, bonne nouvelle », dit-elle toujours, et je suppose qu'elle se contentera de ça en attendant mon retour.

Parce que la vérité, même si je ne suis pas prêt à l'avouer, surtout pas à mes parents qui étaient carrément réticents à l'idée de me laisser partir, c'est que je n'en peux plus tellement j'ai mal. Le taxi est venu me chercher sur le parking, tandis que les autres montaient dans le bus. Je les voyais par la fenêtre en train de s'amuser, de s'envoyer des vidéos de la journée… Certains, épuisés, dormaient déjà à moitié, affalés dans leurs fauteuils.

Assis à l'arrière du taxi, je serre les dents pour ne pas hurler. Il faudrait que je retire ma prothèse qui, même au repos, me blesse à en pleurer. Mais non, plutôt mourir que de l'enlever ici, même si les autres ne sont plus là pour me voir.

Ce matin, le départ très tôt, l'excitation d'une journée de sortie, c'était chouette. J'ai eu l'impression de reprendre d'un coup pied dans ma vie d'autrefois.

C'est après, que ça s'est gâté. Parce que même s'il n'était pas prévu de faire une marche sur une longue distance – pas plus de deux ou trois kilomètres en fait, l'idée étant d'observer la faune et la flore, tout ça –, je me suis rapidement aperçu que marcher sur un sol irrégulier, et mou à certains endroits, avec des milliers de petits obstacles dont on n'a même pas conscience ordinairement quand on se promène dans la forêt, était en fait une épreuve. Une épreuve trop difficile pour moi.

Je n'ai pas pu observer quoi que ce soit parce que j'avais les yeux en permanence rivés sur mes pieds. Ici quelques cailloux, là un léger trou dans le sol, plus loin un amas de feuilles en décomposition se transformaient en véritables obstacles dont j'ai vite compris qu'il était inutile de tenter de les franchir. Sans quoi je risquais à tout moment de trébucher ou de perdre l'équilibre. Et de me casser la figure au beau milieu de tous les élèves de cinquième du collège réunis. Le pire qui puisse m'arriver, quoi.

En imaginant le mélange de consternation et de pitié qu'une chute de ma part risquait de susciter, j'ai regretté d'être là. Pourquoi avais-je choisi tout seul de me mettre dans un tel pétrin ?

Rien de tout ça n'est arrivé. Je ne suis pas tombé, j'ai à peine trébuché et ma prothèse ne s'est pas décrochée. Mais j'ai passé toute la journée à boiter, entouré de mes copains qui faisaient mine de ne rien remarquer, moi tout occupé à leur cacher ma peur panique de chaque instant. Et ma douleur grandissant chaque seconde. Douleur du moignon à chaque pas, chaque frottement qui mettait ma chair à vif. Douleur de la jambe droite aussi, qui n'en peut plus de fournir tout l'effort.

***

Enfin, on arrive à la maison. Papa se précipite dehors pour m'accueillir :

— Ça va, mon grand ?

Je fais oui avec la tête. J'ai peur de me mettre à pleurer si jamais je dis un seul mot. Papa me regarde une seconde en silence. Il se penche vers moi et me murmure à l'oreille :

— Dure journée, hein ? Mais je suis fier de toi !

Je passe mes bras autour de son cou pour qu'il m'aide à me mettre debout. Je sens sa force et sa chaleur réconfortante qui m'entoure. J'aimerais qu'il me porte et ne plus jamais avoir à poser le pied par terre. J'aimerais que tout ça se termine.

18
Au tribunal

Lundi 18 juin 2018

RÉJANE

— Tu sais où j'ai mis mon polo noir ?

Du dentifrice plein la bouche, je passe la tête par la porte de la salle de bains. Gaëtan est en train de fouiller dans la valise posée au pied du lit de notre minuscule chambre d'hôtel.

— Je suis pourtant certain de l'avoir emporté !

D'un geste du menton, je lui indique le placard à vêtements, coincé entre la porte qui donne sur le couloir et la table de chevet. Hier soir, à peine arrivé à l'hôtel, Gaëtan, épuisé par sa longue journée et la route, s'est allongé sur le lit et s'est endormi. Moi, je suis restée longtemps les yeux ouverts, fixés sur le plafond, distrayant mon angoisse avec les moyens du bord. J'ai écouté les voitures qui passaient dans la rue, chacune dessinant un halo lumineux mouvant sur les murs de la chambre avant de la replonger dans le noir. Mais c'est comme de compter les moutons : bien sûr, le sommeil n'est pas venu. Vers minuit, j'ai fini par prendre mon téléphone. J'ai regardé la météo – demain, il fera beau à Quimper –, mis à jour mon profil Instagram, envoyé quelques textos à ma sœur Charlène qui garde Romain jusqu'à ce soir et surfé un peu sur Internet. À une heure et demie, n'y tenant plus, je me suis levée pour mettre un peu d'ordre dans la chambre et défaire les valises. Bien sûr, ça ne sert à rien : nous ne restons qu'une nuit.

Des bruits légers provenant de la chambre d'à côté m'indiquaient que maman non plus ne trouvait pas le sommeil.

***

J'enfile la robe bleu marine dans laquelle je me sens si bien et chausse mes sandales sans talons. Même si aujourd'hui n'est pas un jour ordinaire, j'ai décidé de m'habiller comme d'habitude. Pour me sentir à l'aise ? Ou bien parce qu'*elle* ne mérite pas que je me mette sur mon trente-et-un ? Tout en dessinant un trait de crayon autour de mes yeux, je m'interroge. À quoi va-t-elle ressembler ? De quoi a l'air la femme qui a bouleversé notre vie ? D'elle, je sais juste qu'elle a quatre-vingt-cinq ans et que, le 4 août 2017, à seize heures, elle conduisait une Clio blanche.

Nous descendons tous les deux dans la salle de restauration de l'hôtel. Malgré mon estomac noué, je bois un thé bien fort et me force à avaler une petite tartine beurrée. Gaëtan, en face de moi, prend aussi un rapide petit-déjeuner. Nous n'échangeons presque aucun mot. Je sais qu'il est aussi préoccupé que moi : ni l'un ni l'autre ne savons à quoi nous attendre. C'est la première fois que nous avons affaire à la justice.

Alexis, mon frère Samuel et Gaëtan partent chercher maître Caty Richard à l'aéroport de Quimper-Cornouaille. Avec Mathéo, maman et son mari André, nous nous rendons dans le centre-ville de Quimper. Nous sommes en avance, mais j'appréhende qu'on ait du mal à se garer près du tribunal.

L'audience doit commencer à onze heures. En attendant, on marche un peu le long de l'Odet, cette petite rivière qui traverse Quimper, canalisée, avant de se jeter dans l'océan Atlantique à quelques kilomètres au sud. Mathéo court devant nous sur une petite passerelle fleurie qui enjambe la rivière. À mi-chemin, il s'arrête et nous appelle :

— Venez voir, il y a plein de serpents de mer !

À quinze kilomètres en aval, la marée est basse, si bien qu'il n'y a presque pas d'eau dans le lit de l'Odet ce matin. L'odeur de vase et d'algues me retourne légèrement l'estomac tandis que je me penche par-dessus la rambarde en métal forgé.

J'entends mon beau-père expliquer à Mathéo que ces gros poissons de vase sont appelés « mulets » ici. Comment font-ils pour penser à autre chose, tous les deux ?

En face de nous, le mont Frugy, tout vert d'arbres serrés, domine la ville. Nous faisons demi-tour pour reprendre la direction du tribunal. Entre les immeubles qui bordent la rivière, j'aperçois les deux flèches de la cathédrale Saint-Corentin. Même si je ne suis pas vraiment croyante, je ne peux pas m'empêcher de formuler une petite prière.

S'il vous plaît, faites que tout se passe bien !

Bientôt, nous voilà de nouveau devant le palais de justice. Nous nous asseyons devant la grille. Il est dix heures et demie, je commence à m'inquiéter de ne pas voir revenir Gaëtan avec notre avocate. Il y a quelques allées et venues, mais je ne me décide pas à franchir la porte de ce bâtiment qui m'impressionne. Un petit groupe soudé grimpe les marches et entre à l'intérieur du tribunal. Maman me donne un coup de coude :

— Cette femme, là… Je crois bien que c'est une des filles de la dame qui a percuté Alexis.

Je jette un coup d'œil dans la direction du groupe et croise le regard de la femme en question, qui a sans doute reconnu maman, elle aussi. Je ne sais pas quoi faire, alors, je détourne les yeux.

N'y tenant plus, j'appelle Samuel.

— Où êtes-vous ?

— On arrive. Il y a des bouchons, je ne peux pas faire plus vite.

Je sens l'inquiétude m'envahir.

— Mais je fais quoi, moi ? Et maître Richard, vous l'avez bien retrouvée ?

Un bruit de combiné qui passe de main en main, puis la voix claire de l'avocate résonne à mon oreille :

— Madame Bellanger ? Ne vous inquiétez pas, nous serons là dans quelques instants. En attendant, je vous conseille d'entrer. Vous pourrez voir où ils en sont et surtout commencer à vous familiariser avec les lieux.

Notre petite troupe franchit donc timidement le seuil que marquent quatre hauts piliers de granit. Nous faisons quelques pas dans le hall quand j'entends la voix d'Alexis derrière moi :

— Maman, nous sommes là !

Ouf ! Je serre la main de notre avocate, que je rencontre pour la première fois. C'est une femme blonde, un peu plus âgée que moi. Ses lunettes rectangulaires lui donnent un air sérieux, mais le grand sourire qu'elle m'adresse fait naître une fossette au creux de sa joue droite. Je me sens aussitôt en confiance. D'ailleurs, maître Richard prend les choses en main, et nous la suivons tandis qu'elle traverse le hall d'un pas assuré.

Habituée des audiences, elle reconnaît immédiatement la partie adverse, qui patiente un peu plus loin, et se présente à leur avocat. À quelques pas de là, je les observe qui échangent quelques mots. Mais où est donc *la dame* ?

Son absence commence à me troubler. À m'agacer aussi, même si je ne parviens pas à m'expliquer clairement pourquoi j'aurais à ce point voulu voir celle qui a brisé la vie de mon fils. Maître Caty Richard revient vers nous :

— La dame est hospitalisée. Elle ne sera donc pas présente au procès.

Alexis s'est approché.

— Après tout, on s'en fiche, non ? Ça ne change rien…

Je suis surprise de sa réaction. Bien sûr que si, ça change tout ! En tout cas, pour moi, ça change tout. Parce que j'ai l'impression qu'une fois de plus, cette dame refuse de voir la vérité en face. C'est un peu comme si, après avoir prétendu voir *un chien*, elle soutenait maintenant qu'il n'y avait vraiment *rien* à voir sur le bord de la route ce jour-là. J'ai l'impression que c'est toute la souffrance d'Alexis, toutes nos angoisses qui sont niées, et je reçois cette absence comme une gifle. Je dois lutter pour refouler les larmes que je sens monter.

Alexis me met une main sur l'épaule :

— Maman, je t'assure, ça ne change rien. Et puis, cette dame est sans doute vraiment malade, à quoi bon l'embêter davantage ?

— Je ne sais pas, je voulais… J'espérais que… qu'elle réponde de ses actes.

— Ce qui est fait est fait, me répond mon fils de treize ans en haussant les épaules.

***

Finalement, l'audience est reportée à quatorze heures.

Nous avons donc le temps de déjeuner. Je n'ai toujours pas faim, mais je suis notre petit groupe qui se dirige vers une crêperie vantée par Sam, place au Beurre, dans le centre-ville historique. Sur le chemin, Gaëtan me prend par la main et tente de me distraire en me montrant quelques jolies façades à colombages peintes de couleurs vives. Mais la frustration m'empêche de profiter du moment.

Finalement, la crêperie est fermée et nous nous installons place Terre-au-Duc, à la terrasse de la brasserie *Le Steir*.

Pendant le repas, maître Richard nous explique comment les choses vont se passer pour que nous ne soyons pas surpris par le déroulement de l'audience. Je parviens à me détendre un peu. Me reposer sur elle me fait du bien.

Retour au tribunal.

Assise au premier rang, j'écoute le président du tribunal qui relate les faits. Sur un ton monocorde, il précise la date et l'heure, le lieu, puis raconte le début de cette journée du 4 août 2017, qui avait si bien commencé, le départ en balade du petit groupe pour le chemin côtier. Puis arrive l'accident.

J'ai écouté mille fois ce récit, mais l'entendre de la bouche de cet inconnu à l'air assez froid, dans cette salle impressionnante, me donne la chair de poule. J'ai d'abord le sentiment qu'il raconte l'histoire de quelqu'un d'autre. Avant de me rendre compte qu'il donne en fait réalité à ce qui n'était jusqu'à présent que des mots. Il décrit – et ce sont maintenant des faits établis et plus un récit soumis au doute – la voiture qui approche sans ralentir, la violence du choc contre le muret. Il évoque même le bruit que cela a fait, quand la voiture a cogné contre le mur de pierre avant de traîner Alexis, et s'interroge : comment se fait-il que la conductrice ait assuré ne rien avoir entendu, ne rien avoir senti ? Il dit qu'il aurait souhaité que cette dame soit là pour qu'elle explique cela, et tout le reste également : pourquoi ne s'est-elle pas arrêtée ? Pourquoi a-t-elle toujours prétendu n'avoir rien vu d'autre qu'un chien ? Moi aussi, j'étais venue avec l'espoir d'avoir enfin une réponse à ces questions que je me pose depuis bientôt un an, mais je dois me rendre à l'évidence : rien ne sera résolu.

C'est au tour de maître Richard de parler. Elle se lève lentement, quelques feuilles à la main. De loin, je reconnais les pages imprimées de mon journal. Je le lui ai fourni pendant qu'elle préparait le procès, quand elle m'a demandé de lui raconter combien notre vie a été bouleversée depuis l'été dernier.

« Tenez, lui ai-je écrit en le lui envoyant par mail, tout est là. J'ai tout noté… j'en avais besoin. »

Je ne savais pas ce qu'elle allait penser de ce récit quotidien des peines et des galères d'Alexis, de ses petites réussites et de ses grandes déconvenues, de mes coups de gueule et de mes désespoirs. Je ne voyais pas bien non plus en quoi cela pourrait lui être utile pour préparer sa plaidoirie. Mais je n'avais rien d'autre à lui proposer.

Après quelques secondes de silence, Caty Richard prend la parole :

— Nous sommes le samedi 20 mai 2018. Neuf mois après l'accident. Neuf mois… Il a fallu neuf mois à Alexis pour accepter de retourner pour un week-end à Moëlan-sur-Mer, dans le mobile home de sa mamie, là où il passe toutes ses vacances depuis ses huit ans. C'est sa maman qui a insisté, parce que la psychologue qui suit Mathéo depuis que sa vie a été bouleversée a expliqué qu'il est important de « remettre des bons souvenirs à l'endroit où l'impensable est arrivé ».

Je reconnais les mots que j'ai écrits dans mon journal le mois dernier, après ce week-end à la mer. Ce sont les miens, bien sûr, mais maître Richard les dit comme si c'était elle qui les avait écrits.

Comme tout le monde dans le public, je suis suspendue à ses lèvres. À travers sa voix, je revis ce moment. Redécouvre comment ce qui aurait dû être un moment de joie familiale – un week-end en famille à la mer – se transforme en une succession d'obstacles et d'humiliations.

Maître Richard se tourne vers moi et me désigne d'un geste ample.

— Voici ce que raconte Réjane, la maman d'Alexis, dans le journal qu'elle tient depuis l'accident. « Le samedi, on arrive en fin de journée. Les frères d'Alexis mettent les pieds dans l'eau, lui reste un peu à l'écart. Il regarde ses frères jouer sur la plage et s'éclabousser au bord de l'eau. Finalement, il se lève avec mille difficultés – ce n'est pas facile, de marcher avec une prothèse sur le sable. Il décide de mettre son pied droit dans l'eau. Puis nous demande l'autorisation de mettre le pied gauche. Le pied gauche ? Sa prothèse ? Mais non, la prothèse n'est pas faite pour l'eau de mer… Comment interdire à son enfant de faire des choses si simples ? Il le faut pourtant. Alexis ne proteste pas, il retourne s'asseoir sur sa serviette. Tout seul. »

Je suis bouleversée par ce récit tout simple, comme si ce n'était pas moi qui l'avais écrit. Dans mon journal, je raconte ce qui me touche sur le moment, surtout ma colère et mes craintes. L'entendre de la voix de maître Richard me donne des frissons.

Maître Richard poursuit sa plaidoirie en s'appuyant souvent sur mon journal. J'écoute mes mots résonner dans cette grande salle et l'émotion m'envahit, surtout quand elle évoque maman, « une grand-mère rongée par la culpabilité et qui n'ose même plus prendre ses petits-enfants ». À côté de moi, une dame qui prend des notes sur un calepin, une journaliste sans doute, s'est arrêtée d'écrire. Elle pleure.

Quand l'avocat de la partie adverse prend la parole, j'essaye de rentrer profondément en moi-même afin de ne pas me laisser toucher par ce qu'il va dire. Et je fais bien. Certes, explique-t-il, la conductrice de la voiture est coupable. Pour autant, il demande que les inculpations de délit de fuite et de mise en danger de la vie d'autrui pour ma maman et Mathéo ne soient pas retenues contre sa cliente dont il rappelle le grand âge, quatre-vingt-quatre ans au moment des faits, quatre-vingt-cinq aujourd'hui. Comment accuser de fuite quelqu'un qui n'a rien vu ni entendu ?

Je ferme les yeux une seconde, imagine que ma colère est une ombre chassée par la lumière qui va forcément suivre.

— Ma cliente a fait une faute de conduite, mais elle n'a pas eu la volonté de mettre en danger la vie de qui que ce soit par son comportement. Elle a toujours déclaré qu'elle avait été gênée par un chien.

Maître Richard nous a prévenus : quoi que dise ou fasse l'avocat de la partie adverse, nous ne devons pas réagir. Alors, je pousse mes cris de rage et d'impuissance en silence.

J'entends comme dans un brouillard la substitut du procureur reprendre la parole :

— Il y a eu des cris, des bruits, il est impossible qu'elle n'ait rien entendu. La conductrice évoque un chien au milieu de la route pour justifier sa perte de contrôle, mais celui de la victime était tenu en laisse.

Puis elle requiert la peine : 18 mois de prison avec sursis, 2 300 euros d'amende, la confiscation du véhicule et l'annulation du permis de conduire avec interdiction de le repasser pendant cinq ans. Avant de lever la séance, elle explique que la délibération aura lieu le 28 juin.

Je suis épuisée soudain. Je n'aurais pas dû venir. À quoi bon ? Ça ne change rien à ce qui s'est passé.

Ça ne rend pas sa jambe à Alexis. Ça n'enlève rien à ce qu'*elle* nous a fait.

***

Cinq minutes après, on est dans la rue, tous un peu sonnés. J'inspire si profondément que j'ai l'impression d'avoir retenu mon souffle pendant tout ce temps.

On marche en silence le long de l'Odet. En quelques heures, le niveau de la rivière a monté d'un mètre cinquante au moins. Étrange fleuve, dont les eaux gonflent et dégonflent au gré des marées.

Mathéo et Alexis, bouleversés, ne jettent pas même un regard aux poissons noirs qui tournent en rond par dizaines, leur long corps visqueux affleurant parfois à la surface de l'eau claire.

19

Gentleman

Samedi 3 novembre 2018

RÉJANE

— Moi, participer à un contre-la-montre en binôme ? Mais elle veut être sûre de perdre ou quoi ?

Quand la championne Audrey Cordon-Ragot lui a proposé sur Facebook d'être son binôme pour la course gentleman qu'elle organise à Plumieux, un village près de Loudéac, à la limite entre le Morbihan et les Côtes-d'Armor, les yeux d'Alexis se sont d'abord agrandis de surprise.

De mon côté, j'ai été très touchée par la proposition, mais… n'était-ce pas un peu tôt ? Gaëtan, à l'inverse, s'est montré immédiatement enthousiaste :

— La Audrey-Cordon-Ragot est une course très familiale. C'est une course de loisir, juste pour le plaisir de pédaler en binôme. Je t'accompagnerai, a-t-il promis aussitôt à Alexis qui avait l'air si heureux de relever le pari.

J'ai failli répondre : « Excuse-moi, Gaëtan, mais je te rappelle qu'il a fallu quinze jours à Alexis pour se remettre de sa dernière sortie à vélo… » J'ai failli répondre : « Et si jamais il fait une chute ? » Mais j'ai réussi à me retenir. Alexis n'a pas besoin, en plus de tous ses problèmes, que je me transforme en rabat-joie.

***

Ce matin, j'agrippe le volant de toutes mes forces. Comme si je devais garder le contrôle de ma voiture sur une route verglacée de montagne. Mais non. Il fait plutôt beau pour ce début du mois de novembre et je fais juste pour la trois millième fois au moins le trajet bien connu maison-boulot. Je dois malheureusement aller travailler : on est au beau milieu des vacances de la Toussaint et la pizzeria manque de personnel pour tourner.

J'appréhende cette journée. J'ai peur que ce soit dur pour Alexis, qu'il n'y arrive pas et qu'il soit affreusement déçu.

Quand je me gare, le soleil est haut dans le ciel. Ce ballon qui brille dans l'étendue de bleu ne peut pas être un mauvais présage.

ALEXIS

Je n'ai pas oublié qu'en août, lors des championnats d'Europe sur route, Audrey s'est classée quatrième du contre-la-montre individuel. Quatrième ! Et aujourd'hui, c'est avec moi qu'elle court !

Le principe d'une course gentleman est simple : quelle que soit la différence d'âge entre les deux membres du binôme, le temps retenu est celui du concurrent qui arrive en seconde position – souvent le plus vieux de l'équipe, le « gentleman », donc.

Aujourd'hui, et même si je suis le plus jeune, c'est donc moi qui porterai ce titre à l'intérieur de notre duo, ce que je trouve plutôt classe.

Depuis le début de l'après-midi, les binômes s'élancent à raison d'un couple toutes les minutes. Il y a beaucoup de monde : plus de deux cent cinquante coureurs sont inscrits et le public est nombreux, venu applaudir des pros ou futurs pros du cyclisme, dont certains sont des vraies stars dans la région : Justin Mottier, Maxime Cam, Fabien Schmidt, Katell Alençon… Audrey, qui est venue me dire bonjour tout à l'heure et m'encourager avant le départ, m'a dit qu'il y avait aussi d'anciens coureurs comme Jean-Claude Genty ou Maurice Le Guillou, un ex-coéquipier de Bernard Hinault. Tandis que je scrutais la foule, espérant apercevoir l'un ou l'autre des champions, des gens que je ne connais pas sont venus me trouver pour me féliciter de mon courage et me souhaiter bonne chance. Certains avaient lu mon histoire dans le journal, d'autres l'avaient apprise sur Facebook !

Notre top départ est donné à quinze heures trente. Et c'est parti pour deux tours de 9,2 kilomètres !

Dans les premiers kilomètres, j'agrippe le guidon de mon vélo si fort que j'en ai mal aux articulations. Je reste dans la roue d'Audrey, parce que je suis sûr que je ne peux pas faire autrement. Je fixe sa roue arrière en serrant les dents comme si ma vie en dépendait. Tous mes efforts sont réunis en un seul point : maîtriser ma respiration. J'ai l'impression que mes poumons ont été aplatis sous un rouleau compresseur. Mes poumons ne sont plus que deux feuilles de papier si fin qu'ils vont se déchirer.

Nous traversons un bois qui me donne l'impression d'étouffer davantage, avec ses arbres blottis les uns contre les autres. Audrey se retourne et m'adresse un sourire. Un sourire incroyable, qui fait briller jusqu'à ses yeux que je devine derrière ses lunettes de soleil. Un sourire qui, à lui tout seul, dit *Je suis contente de faire cette course avec toi.* Un sourire qui dit *Bien sûr que si, tu vas y arriver.*

— Tu prends le relais, Alexis ?

C'est Audrey, la *championne de France* de contre-la-montre, qui me dit ça. Comment ne pas lui faire confiance ?

Mon cœur palpite douloureusement, cogne contre mes côtes quand je prends la tête de notre duo. Je suis sûr que ce n'est pas possible. Mon but est juste d'arriver jusqu'au bout de cette course. D'arriver *vivant* jusqu'au bout de cette course. Mais Audrey est certaine que je peux faire mieux que ça. Que je suis capable d'imprimer un rythme à notre binôme.

C'est moi qui suis devant quand, soudain, les arbres s'écartent tous ensemble. Nous débouchons dans une rue bordée de petites maisons identiques. Le soleil, déjà bas dans le ciel, est presque éblouissant. Des gens sont debout sur les bas-côtés, d'abord en petits groupes épars, bientôt plus nombreux. Beaucoup applaudissent Audrey, mais j'entends aussi qu'on crie mon nom à notre passage.

C'est la première fois que ça m'arrive. Bien sûr, lors des courses avec le club, il n'était pas rare que toute la famille vienne m'encourager. Il y avait souvent des amis, parfois des voisins ou bien des copains de l'école. Mais là, ce sont des *inconnus* qui crient mon nom !

Je m'accroche à mon guidon des deux mains, comme si j'avais peur qu'il m'échappe.

Juste après un rond-point, j'aperçois papa qui agite le bras à notre passage et dessine de son autre main le V de la victoire. Ça me donne une grande bouffée de courage, qui vient se nicher jusqu'au creux de mon ventre. Nous terminons bientôt notre premier tour, matérialisé par la banderole gris clair qui enjambe la route là-bas, à l'horizon. Sur ma droite, je reconnais un maillot que porte un homme un peu âgé. À côté de lui se tient un petit garçon qui fait des bonds. Tous deux nous font signe. C'est papi et Mathéo ! Ils ont concouru ensemble un peu avant nous, au début de l'après-midi. Lequel est le « gentleman » de l'autre ? J'ai hâte de le savoir !

Audrey et moi, on termine notre premier tour côte à côte. Je tourne la tête vers elle pour lui faire signe de prendre le relais et elle sourit, concentrée sur la route. Dans ses lunettes, je vois un vol d'oiseaux qui dérive très haut dans le ciel.

En me doublant, elle me lance :

— À peine plus de vingt et une minutes pour ce premier tour. Tu y crois, toi ?

De nouveau, nous entrons dans la partie boisée du parcours, qui m'avait paru la plus difficile tout à l'heure.

Le feuillage forme une voûte au-dessus de nos têtes et j'ai l'impression que tous les arbres se penchent pour nous regarder passer. Soudain, ils me font l'effet de géants bienveillants qui agitent les mains en l'air sur notre passage.

Je sens, contre ma nuque, le vent qui se lève.

Je m'offre un instant de répit pour respirer l'odeur de sous-bois et de terre, pour écouter le bruit que font les roues de nos vélos sur le goudron gris de poussière, pour observer les ombres mouvantes sur la route alors que le vent soulève les feuilles baignées de lumière. Devant moi, Audrey a ralenti spontanément et nous goûtons en silence ce moment de récompense inattendu.

Je ferme les yeux une seconde et regarde danser les petites taches de couleur contre mes paupières serrées. Quand je les rouvre, c'est comme si ces étincelles éblouissantes venaient se déposer doucement dans mon ventre pour allumer une flamme à l'intérieur de moi. *Maintenant, Alexis !* J'agrippe les poignées de toutes mes forces, inspire profondément et me concentre avant de redonner l'impulsion à notre course.

Audrey a légèrement décalé sa trajectoire, me permettant de la doubler pour prendre mon relais sans que je doive modifier ma belle ligne droite.

Bizarrement, je prends soudain conscience que je sens à peine ma cuisse gauche. Plus exactement, que ma cuisse gauche ne me fait pas souffrir. Quand je me penche, je vois mon pied artificiel qui appuie sur la pédale. Il me fait l'effet du rouage obéissant d'une machine bien huilée. Je tiens ainsi la tête de notre duo durant un kilomètre qui me paraît infini : pendant tous ces mois sans véritable entraînement, c'est tout mon corps qui a oublié le vélo et je commence à avoir mal partout.

Audrey n'attend pas que je montre des signes de faiblesse pour prendre son relais, et c'est elle qui roule devant quand nous pénétrons de nouveau dans la zone habitée. La journée a été chaude, surtout pour novembre, mais à présent que nous ne sommes plus à couvert des arbres, le vent se glisse dans mon cou. Le soleil disparaît brusquement et, quand nous nous faisons doubler par un binôme parti au moins dix minutes après nous, je me sens soudain complètement découragé. Est-ce juste une impression ou bien mes yeux sont-ils vraiment en train d'entrer à l'intérieur de mon crâne ?

Pourtant, quelques centaines de mètres plus loin, c'est comme si la route changeait de nouveau de nature. Les spectateurs groupés des deux côtés l'ont transformée en un fleuve vibrant d'énergie. À notre passage, un murmure se lève :

— Les voilà ! Les voilà !

Audrey se tourne vers moi pour me crier, par-dessus les bravos de la foule :

— Nous y sommes, Alexis ! Plus que quelques dizaines de mètres et nous aurons fait 18,4 kilomètres… (Elle vérifie sur son compteur) … en quarante-cinq minutes !

Dans ma tête, je lève les bras vers le ciel. *Victoire !*

Épilogue

De nouveaux rêves

Mercredi 25 juillet 2019

RÉJANE

Pour la première fois depuis bien longtemps, nous passons quelques jours en famille à Moëlan-sur-Mer.

Assise sur ma serviette, je fais semblant de lire. En réalité, cachée derrière mes lunettes de soleil, j'observe les enfants qui jouent au mölkky, sous le regard attentif de leur grand-mère qui compte les points. Une bulle gonfle dans mon ventre, éclate en milliers de papillons multicolores. Je sens soudain que c'est ici, à l'endroit où tout a commencé, que cette histoire doit se terminer. En fouillant dans mon sac à la recherche d'un papier et d'un crayon, mes doigts se referment sur la couverture cornée d'un cahier que je connais bien. Mon journal. Je ne l'ai pas ouvert depuis l'année dernière, depuis ce procès au goût amer.

C'est pourtant lui qui a été le fidèle compagnon de ces mois d'épreuves et de doutes. C'est à lui que j'ai confié ce que je ne pouvais dire à personne d'autre. C'est lui, aussi, qui m'a aidée à formuler ce que je n'arrivais pas à penser.

Où, ailleurs qu'entre ses pages, déposer toutes ces images que je vois défiler en regardant ceux que j'aime ?

Mercredi 25 juillet

Maman ne voulait plus entendre parler de recevoir ses petits-enfants pour les vacances. L'été dernier, elle et Dédé ont mis le mobile home en vente. Hasard ou signe du destin ? Ils n'ont pas trouvé acheteur. J'en ai été secrètement heureuse, d'autant que Mathéo et Romain avaient très envie d'y retourner quelques jours pour l'été. Gaëtan et moi, nous étions d'accord : il fallait qu'on lui confie de nouveau les enfants très vite. Elle était très stressée et angoissée, mais on a voulu lui montrer qu'on lui faisait toujours confiance, que ce n'était pas sa faute et que ses petits-enfants étaient demandeurs. Cette année, ils ont finalement décidé de garder le mobile home, ce qui a beaucoup réjoui les garçons !

Là-bas, sur le sable mouillé, le petit groupe s'agite.

— Eh ! vous avez vu mon lancer ? s'exclame Mathéo. J'ai fait tomber quatre quilles d'un coup.

Alexis démarre au quart de tour :

— Non, pas quatre, trois ! Tu essaies tout le temps de tricher, mais on ne me la fait pas, à moi. Le numéro 11 n'est pas *vraiment* tombé.

Maman – qui part tous les matins par les bois pour aller à la boulangerie parce qu'elle est toujours incapable d'aller se promener « de ce côté-là » –, maman joue à la perfection son rôle d'arbitre :

— C'est vrai que la quille est restée coincée, mais elle n'était pas bien positionnée. Je propose que Mathéo ait droit à un nouveau lancer…

Alexis parlemente un peu, mais il se laisse finalement fléchir. Quelques instants plus tard, son bras dessine une virgule contre le bleu du ciel quand il lance le mölkky à son tour. Un lancer parfait, si bien ajusté que seule la dernière quille vacille avant de tomber doucement.

— Et cinq, annonce-t-il, faussement décontracté. Ce qui fait cinquante, ce qui fait que j'ai gagné.

Alexis… Depuis quand parle-t-il avec cette belle voix un peu grave ? C'était aux vacances de février, lors du retour de son stage « jeunes à potentiel », que je l'ai remarqué pour la première fois. Je serais bien incapable d'écrire à quel point je suis fière de lui, mais je veux dire ici, dans mon journal, quelques-unes de ses réussites.

- *Au collège, tout se passe bien, son retard en espagnol ne sera bientôt plus qu'un mauvais souvenir !*
- *Il est parti en voyage scolaire en Angleterre en mai et tout s'est très bien passé.*
- *Il a repris l'école de cyclisme le samedi et envisage de reprendre la compétition avec les « valides » comme avant.*
- *Lors du stage JAP pendant les vacances d'hiver, il a fait du vélo sur piste, beaucoup de kilomètres cette fois-ci, et pas mal de natation.*

- *Entre le 29 mai et le 1er juin, il a participé aux Jeux nationaux de l'avenir handisport en natation et a gagné la médaille d'or dans sa catégorie.*

Une ombre vient obscurcir la page que je suis en train d'écrire. Je lève la tête sur la silhouette d'Alexis qui se dessine contre le soleil.

— Qu'est-ce que tu fais ?

D'instinct, j'ai refermé mon cahier.

— Rien.

À côté de nous, un couple de jeunes parents se met à chuchoter après que leur petit garçon a poussé une exclamation à la vue d'Alexis en maillot de bain. Je suis devenue experte en regards curieux, exclamations compatissantes et murmures de surprise. Je débusque infailliblement ces regards appuyés qui se détournent lorsque je lève les yeux et dois me faire violence pour ne pas interpeller les indiscrets : « Oui, oui, vous avez bien vu, mon fils est bien tel que vous croyez qu'il est ! »

Même s'il ne dit rien, je sais qu'Alexis a vu le doigt du petit garçon pointé dans sa direction. Je rouvre mon journal à la dernière page.

— En fait, si, je faisais quelque chose. J'écrivais comme je suis fière de toi, regarde.

Alexis s'assied à côté de moi. Il parcourt la liste en silence et me donne un coup de coude :

— Eh ! tu as oublié que j'espère bien passer ma ceinture noire de judo, aussi !

Tandis que je débouche mon crayon pour compléter la liste, il ajoute :

— Et toi ? Tu parles de mamie et de moi, mais toi ?

Il s'allonge sur sa serviette sans attendre de réponse. Il me connaît suffisamment pour savoir que je ne répondrai pas directement à cette question.

Quant à moi… je suis toujours à la pizzeria, mais n'exclus pas prochainement une reconversion. Quant à moi… j'ai de temps en temps des angoisses. Certaines fois, tout revient ! Je suis incapable de me sentir en sécurité, je suis trop protectrice envers mes enfants, surtout envers Alexis. J'ai peur pour son avenir, peur qu'il ne puisse pas avoir le meilleur…

Je n'ai pas vu qu'Alexis s'est redressé et qu'il lit par-dessus mon épaule. Dans mon oreille, sa nouvelle voix murmure :

— Quant à toi, tu es une maman, quoi !

Remerciements

Mes remerciements vont d'abord à tout le service Chirurgie de l'hôpital de Brest. Merci en particulier à vous, Sabrina et Bélinda, pour votre gentillesse et votre attention de chaque instant. Merci aussi à vous, docteur N. : vous nous avez guidés et éclairés lorsqu'il a fallu faire un choix difficile.
Merci au personnel du Centre mutualiste de rééducation et de réadaptation fonctionnelle de Kerpape. Vous vous êtes tous merveilleusement bien occupés d'Alexis et avez su lui redonner confiance en la vie.
Merci au personnel du collège Yves-Coppens de Malestroit. Vous avez offert à Alexis des conditions exceptionnelles pour sa reprise en milieu d'année.
Merci à toutes les personnes qui ont participé à la cagnotte ou aux actions organisées. Merci en particulier au Judo club de Sérent et aux commerçants qui ont accepté de sponsoriser le calendrier. Merci au club de VTT de Guégon, au fan-club de Benoît Vaugrenard, au comité des fêtes de Kervardel, aux lycéens de La Touche à Ploërmel, à l'ensemble des écoles catholiques du réseau de Josselin, au club de vélo anciennement Taupont, à l'école de piano de Malestroit, à Mille et un sourires, à l'union sportive de Saint-Thurien, à l'amicale laïque de l'école Albert-Jacquart de Sérent, aux comités de Bretagne et de France handisport. Grâce à vous, entre la cagnotte Leetchi et les différentes actions organisées pour Alexis, la somme récoltée a atteint environ 10 000 euros ! Vous avez grandement facilité la vie d'Alexis au quotidien.
Merci aux cyclistes professionnels ou amateurs, à toutes les personnes qui continuent à encourager Alexis de près ou de loin. Vous lui donnez la certitude qu'il a raison de se battre !
Merci à maître Caty Richard et à maître Marcou. Vous nous

avez guidés et conseillés avec humanité et bienveillance sans compter votre temps.
Merci à Anne Mars, qui m'a aidée à rédiger ce livre. Vous m'avez aidée à mieux voir que derrière cette tragédie, se cachait aussi le début d'une belle histoire.
Merci à Karine, Sandra et Céline, toujours là.
Sandrine, Serge et Jessica pour l'aide apportée, pour votre écoute et votre bienveillance.
Marie. Tu m'as aidée à ne pas flancher. Merci pour ton écoute et tes conseils.
Mes enfants, qui font ma fierté. Pour vous, je ne devais rien lâcher.
Toute ma famille, bien entendu. Parce que vous êtes toujours là.
Merci à toutes les personnes qui, par leurs gestes ou leurs mots, leurs encouragements ou leur présence, ont été présentes pour nous soutenir. Chacun d'entre vous se reconnaîtra ici.

Réjane

Merci à toute l'équipe de City Éditions, en particulier Morgane Talbotier et Raphaëlle Broudic. Votre confiance me touche.
Merci à Alice Serverin, qui m'a appelée un jour d'août 2018 pour me parler de ce projet. Sans toi, je n'aurais pas franchi ce pas !

Anne

Achevé d'imprimer en février 2020
sur les presses de la Nouvelle Imprimerie Laballery
58500 Clamecy
Numéro d'impression : 002267

Imprimé en France

La Nouvelle Imprimerie Laballery est titulaire de la marque Imprim'Vert®